雪域心灵的回归

香格里拉市"藏回"族群的文化变迁、
族群认同与民族关系研究

李红春 著

图书在版编目（CIP）数据

雪域心灵的回归：香格里拉市"藏回"族群的文化变迁、族群认同与民族关系研究／李红春著.—北京：中国书籍出版社，2020.5
ISBN 978-7-5068-7531-8

Ⅰ.①雪… Ⅱ.①李… Ⅲ.①藏族－民族文化－研究－香格里拉 ②回族－民族文化－研究－香格里拉 Ⅳ.①K281.4②K281.3

中国版本图书馆 CIP 数据核字（2019）第 273093 号

雪域心灵的回归：香格里拉市"藏回"族群的文化变迁、族群认同与民族关系研究

李红春　著

责任编辑	毕　磊
责任印制	孙马飞　马　芝
封面设计	楠竹文化
出版发行	中国书籍出版社
地　　址	北京市丰台区三路居路 97 号（邮编：100073）
电　　话	（010）52257143（总编室）　（010）52257140（发行部）
电子邮箱	chinabp@vip.sina.com
经　　销	全国新华书店
印　　刷	北京温林源印刷有限公司
开　　本	880 毫米×1230 毫米　1/32
印　　张	10
字　　数	182 千字
版　　次	2020 年 5 月第 1 版　2020 年 5 月第 1 次印刷
书　　号	978-7-5068-7531-8
定　　价	48.00 元

版权所有　翻印必究

云南省社会科学院 中国（昆明）南亚东南亚研究院
研究文库编委会

主　任：何祖坤
副主任：沈向兴　王文成　陈光俊　陈利君　黄小军
委　员：（按姓氏笔画排序）
　　　　马　勇　王文成　王育谦　孔志坚　邓　蓝
　　　　石高峰　刘　婷　任仕暄　杜　娟　何祖坤
　　　　余海秋　沈向兴　陈光俊　陈利君　郑成军
　　　　郑宝华　赵　群　黄小军　萧霁虹　雷著宁
编　辑：刘　婷　顾胜华　宋海啸　郑可君

目 录

导 论 ……………………………………………… 1

第一章 时空交集:"藏回"族群研究概况 ……… 10
 第一节 族群概念及其理论流派 …………… 11
 第二节 "藏回"研究的学术回顾 …………… 26

第二章 陕西后人:"藏回"族群的历史记忆 …… 36
 第一节 迪庆回族的源流 …………………… 37
 第二节 "藏回"族群的族源 ………………… 47
 第三节 "藏回"族群的迁移 ………………… 70

第三章 生存策略:"藏回"族群的文化适应 …… 79
 第一节 "藏回"族群的生计方式 …………… 81
 第二节 "藏回"族群的文化结构 …………… 87
 第三节 "藏回"族群的文化适应 …………… 128

第四章 寻根心路:"藏回"族群的文化变迁 …… 141
 第一节 哈巴"藏回"族群的文化变迁 ……… 142
 第二节 安南"藏回"族群的文化变迁 ……… 168

第五章 族群表述:"藏回"族群的认同解释 …… 177
 第一节 "藏回"族群认同的历史分期 ……… 179

第二节　"藏回"族群认同的边界建构 …… 193

第六章　和合共生："藏回"族群的民族关系 …… 213
　　第一节　回藏民族关系的历史 …………… 214
　　第二节　回藏民族关系的和谐 …………… 225

第七章　边缘启示："藏回"族群研究的
　　　　　学术反思 ……………………………… 252
　　第一节　回藏和谐民族关系的理论价值 …… 253
　　第二节　"藏回"族群研究的人类学反思 … 263
　　第三节　"藏回"族群研究的回族学启示 … 275

参考文献 ……………………………………… 297

附表 …………………………………………… 302

后记 …………………………………………… 306

导 论

清代中后期，清王朝腐朽专制统治，一方面对外国列强一味屈膝卖国，无视国家领土完整和主权；另一方面日益加紧对国内人民的残暴统治，尤其对国内的种种爱国运动进行血腥镇压。此时期，回民起义在陕西、宁夏、甘肃、青海及云南等地纷纷爆发，横跨十余省，坚持抗争最长的历时20余年，影响极其深远。回民起义虽然被镇压下去，但其反抗专制的历史功绩彪炳史册，成为旧民主主义革命的重要内容。伴随起义的失败，广大的回族群众惨遭清王朝的迫害，回族社会处于历史最低谷的时期。为躲避战乱而四处逃难的回族，形成由中心集镇向郊野边疆迁移的移民潮，回族的分布格局有了新的变化和特点。值得一提的是，清代中后期回族的历史性灾难，民族大迁徙客观上改变了回族的发展状况，形成了两个结果，一是回族在全国的地理分布更加分散，进一步奠定了"大分散，小聚居"的居住格局，甚至出现回族整体性地向海外移民的新情况；[①] 二是回族新的移民同其他的民族相互融合形成了众多的回族新支系或亚族群（subgroup），在中国边疆民族地区逃难而来的回族融入蒙古族、藏族、彝族、傣族、白族中，回族社会发展进入一个新的历史时期。

一、研究缘起

新兴回族族群的出现无疑是回族顽强生命力的一个有力例证。回族长期与汉族社会相处，积极主动地接纳汉族文化。与此同时，回族恪守自己精神上的伊斯兰教信仰，形成整体性的民族特征和共同体意识，这成为自回族正式形成后的文化走向主流。清中后期的民族灾难迫使回族远逃边疆或海外，为了生存，这些逃匿的回族掩盖自己的身份和民族习俗，转而借用其他周边民族兄弟的文化和习俗。最初，逃难的回族出于获取生存机遇，积极适应新的生活环境，生产生活与文化习俗上大量吸纳周围其他民族文化。然而，伴随环境适应与文化融合的持久作用，民族地区的回族群体由不自觉变成自觉地认同于这些民族文化，最

[①] 在今天乌兹别克斯坦、哈萨克斯坦境内的"东干人"，泰国北部的"秦和人"，缅甸北部的"潘泰人"。

终形成具有多元文化特征的回族族群。这样的现实引发我们对回族历史发展阶段和回族族群性研究的重新认识。回族的形成自身便是阿拉伯文化、波斯文化同华夏文化交融的结果,"生于斯,长于斯",回族长时期以汉族文化为核心,语言、居住等同于汉族社会,学习儒学入仕为官,心理上较容易接受汉文化,仅在精神信仰上归属于伊斯兰文化。我们看到史书仅将这些回族先民记录为"蕃客""回回人",仅对其划定户籍,却未视为真正的国民。追究原因,回族长期表现出的宗教文化与汉族社会存在着明显的差异。在中国回族社会文化的演化进程中,"汉化""华变"始终是一种主流。然而,客观上回族族群的社会文化变迁却朝着另一方向发展。由此,回族族群研究是对回族"汉化""华变"单一定论的驳斥,是重新评判回族民族性特征和民族界定的重要实例。

二、选点介绍

云南迪庆藏族自治州的三个县都有回族分布,在香格里拉市的建塘镇(中心)和三坝纳西族乡,德钦县升平镇,维西县的保和镇和白济汛乡等地都有回族分布,其中香格里拉市的三坝乡回族是最为集中的。[①]由于文化生活比较接近藏族即说藏语、穿藏服、住藏

---

① 刘群主编:《迪庆藏族自治州州志》,云南民族出版社,2003年第1228 - 1229页。

式房屋、饲养牦牛、与藏族通婚、喜食酥油茶和奶制品和爱好藏族歌舞等，所以这一地区的回族被称为"藏回"，当地藏族称为"古格"意思是"戴白帽的人"（又有另一说法藏语意思直译为"白头乌鸦"）。

基于长期对云南香格里拉"藏回"族群的田野调查，对其社会文化变迁及族群认同进行的重点观察的研究基础，本研究运用民族学田野调查的参与观察方法，结合目前有关族群研究理论，试图让"他者"来展示事实，用"主位"和"客位"的视觉来进行调查问题的描写。通过比较回族主体文化生活现状，我们得知"藏回"几乎褪去了民族辉煌和苦难的遥远历史，遗留下的仅是现实的坎坷和不屈的民族精神。"藏回"族群早已离开了孕育回族成长的沃壤，远离回族母体，流浪他乡，因此使得我们认知中回族社会文化及民族特征的原有概念变得扑朔迷离，而变异为另一为我们所熟识的藏民族的文化外貌；回族传统文化的日渐遗失，模糊和变换了的回族特征唤起了他们对自身文化和心理的认同；远离了族群过去的繁荣，多居于边疆山区，没有浓厚的回族群体文化氛围，缺失了相互间的那份慰藉，迷失了族群回到"天国"的方向，然而他们却共同地记忆着祖先的点滴言训，不同程度地恪守着残留下的民族特征，心理上矢志不移地认同着回族。

云南"藏回"族群的认同现实给予我们的启示是很多的，环视国内的回族研究，在很长一段时期里存在对回族研究的两个误区：一是回族研究中充满着回族一元论发展的论调，回族发展的"创始之门"早已关闭，主论"汉化"或"华变"自始至终是回族主体生存和发展所要经历的历史轨迹。① 这样的定论是与回族历史事实相悖的，是对回族的发展极其不利的。因为像"藏回"一样回族族群证明了回族不仅仅单向地发生汉化，还表现出了藏化、傣化、彝化、白化的文化趋向。更为重要的是，表明了回族发展的步伐并未停歇，不是单一融入汉族社会，而是迈向了更为深远的多元民族社会之中，不断积淀自身的文化内涵。二是"教即族，族即是教"的二元一体互证往往见于回族研究中，将回族的民族认同和宗教认同简单地合一。事实上，对于回族聚居的村落社区的回族大众而言，二元一体的解释是有着广泛的解释力。但是，对于那些早已偏离回族大众的回族个体或群体来说，这一解释则是需要商榷的。这些回族群体或个体往往认同于回族，有着强烈的民族自尊心，然而却没有宗教上的认同。事实上，这一认识误区再一次显示出当代回族界定的过程里，"伊斯兰教—回族"必然连锁关系中的脆弱性与游移性。② 由此，对于回族的民族认同和宗教认同应该重视回族族群的解释，在这里对云南"藏回"

---

① 国内外回族研究表明，回族的历史发展过程主要是伊斯兰文明与汉族儒家文化的不断整合过程，伊斯兰文明的"本土化"特征是贯穿于回族孕育、形成和发展的整个过程的。

② 张中复：《回族现象的"点"与"面"》，《回族研究》2003年第2期，第63页。

族群社会文化变迁及其族群认同的研究，不失为对上述回族研究及现实中存在的问题的一次解答。

就目前的回族研究而言，众多回族族群的族属大多为回族，且不同程度地保留伊斯兰教信仰是一大共性，而现实中意识认同则是具有地域性和层次差异的。本研究选取迪庆藏族自治州香格里拉市为田野调查点，这是因为香格里拉市在迪庆州回族人口最为集中，并且不同的回族村落呈现出各异的回族文化结构，同时也发生了不同方面的文化变迁。云南"藏回"的认同现实一定程度上也显现着这样的特点，同样生活在藏区，但在现实中地理环境影响民族对文化和身份的认同，受到藏族影响的程度不同，从而形成了现今同一区域内不同"藏回"族群的认同差异及其文化结构。即一部分"藏回"族群被同化为藏族；还有一部分"藏回"族群还牢固地认同于回族，同时整体却快速地被藏族的同化；另一部分"藏回"族群，则发生了回族宗教及文化上的回归。[①] 具体选取分别代表回藏关系的社会心理同化（完全藏化）的旺池卡村、习俗经济结构吸纳（部分藏化）的安南村、自然—历史记忆传承（藏族文化借用）的哈巴村为三个田野调查点，那里具体展现出不同层面的回藏文化交流与民族关系。

---

① 李红春：《鲜为人知的云南"藏回"》，《中国穆斯林》，2006年第1期，第44页。

三、研究意义

云南"藏回"族群作为探讨回藏关系的历史与现状是有着较深刻的学术理论意义及现实意义的。国内外所能见到的有关云南回族文化新族群的研究报告或专著，大多偏重于对族群的生活做调查资料式的记录。作为核心的文化变迁、民族认同和族群关系少有提及，即便提及，也未进行深入系统的研究和分析。所以，本研究试图从以上几个方面作为核心内容来研究，从宗教信仰、民族认同、族群关系三个方面入手，研究多种民族—宗教文化机制下，回族文化新族群的民族认同及其族群关系，探讨多种宗教文化背景下各民族和谐共处的可能和实现过程，进一步为多民族多宗教地区的经济文化的发展提供有价值的参考。

开展对云南"藏回"族群文化社会变迁的比较研究，其意义有以下几个层面：第一，国内外对民族或族群的研究长期受到重视，国家对民族的划分长期明显带有一个时代政治管理和行政划分的需要，而对族群的研究则主要倾向于文化划分。我们对"藏回"做出族群的研究同样关注的是文化的阐释。第二，对族群的研究民族学界为我们提供了一种较佳的研究途径，即族群自身的"自述"被置于重要地位，同时做出"他释"。借用这一方法去研究云南"藏回"的社会文化变迁，能够获得比较客观完整的解释。第三，国内外的民族认同大多停留于"静态",侧重做出历史的传统的分析,而我们知道实际上民族或族群的在历史发展过程中形成了许多分支,由此民族群体意识具有层次性和动态性,所以应该重视这方面的考虑。云南"藏回"族群从文化上来看既属于回族的族群,也是藏族文化的新载体。我们具体深入研究"藏回"这一回族族群并探讨族群认同和文化变迁自然是一种切实有效的研究方法。同时也对回族传统文化有具体的更深的认识,梳理了回族主体文化与族群文化间的实际关系。

处于藏彝走廊核心地带的香格里拉"藏回"既是观察文化多样性的重要对象,又是探讨回藏关系的一个鲜活案例。本研究的研究思路首先是梳理文史资料,掌握迪庆"藏回"的历史表述,以及回藏关系的历史文献记录,掌握相关民族的族源、社会、文化的历史演变过程,实地田野调查掌握各民族的社会、文化、宗教等方面的现状。着重对"藏回"文化结构、族群认同、宗教实践等问题进行深入的观察,对回藏两个民族之间的文化交往、宗教互渗和民族关系现状进行详细的调查。最后分析多元文化和族际空间下"藏回"文化变迁及宗教实践的具体情况,以及探索回藏关系和谐共存的原因。本研究的主要内容分为整体掌握迪庆民族地理分布、人口格局、文化传统、经济社会结构、宗教信仰等内容。其论述的内容大致为:从历史分期来看,回顾香格里拉"藏回"文化的历史变迁及回藏民族关系的变化过程，从中探寻影响回、藏、汉等民族关系的自然及社会原因；分析回藏关系和谐发展的理论基础及动力机制；学理上分析"藏回"族群认同的根源所在，结合族群理论及回族文化的理解来探讨"藏回"研究与回族学学科理论的关系；最后，对当今文化多元主义背景下回族文化自觉进行简要的学术反思。

第一章

时空交集:"藏回"族群研究概况

族群是这样一些群体,要么由于体貌特征或习俗相近,或者由于两者兼有,要么由于殖民和移民的记忆,从而对共同血统抱有主观信仰;这种信仰对于群体构建肯定具有重要意义。[①]

——马克斯·韦伯

[①] 马克斯·韦伯:《经济与社会》第1卷,阎克文译,上海人民出版社,2010年,第512页。

第一节 族群概念及其理论流派

一、族群概念的起源及其发展

英语的族群一词（ethnic group）出现于20世纪中叶，其中的 ethnic 一词源自希腊语，其中的 ethnic 一词源自希腊语 ethnos 的形容词 ethnikos，本义"种族"（Race）。"ethnos"在希腊文中表示"习惯""特点"等意义，在英语中表示具有语言、种族、文化和宗教特点的人们共同体。族群概念是一种来自西方的社会哲学思潮，是人类群体社会关系分类的一种方式，最早使用于在20世纪30年代，到20世纪60年代开始被人类学界广泛使用，在台湾被译为"族群"。20世纪90年代后，"族群"的概念被介绍到中国。

Ethnic 是在14世纪中期才被广泛使用的，在很长一段时间里，它的所指是"非基督教的""非犹太教的"或"异教的"。19世纪，随着科学主义兴起，宗教式微，"异教徒"一词在西方用语中被"种族"（race）一词替代，ethnic 几乎成了与"种族"同义的赘词，被一度闲置。在20世纪60—70年代以前的一段时间中，ethnic group 一词实际上比 ethnicity 更常用于研究文献中。族群（ethnic group）一词在当时实际上是主流人群用以指称"他者"（The other）的婉转用语。它被当作是存在于一个较大社会中的具有不同起源、历史记忆和文化特征的亚群体，或"少数民族"。Ethnic 往往被用来形容那些不入主流，或与主流文化不同的东西。而像盎格鲁-萨克逊"White Anglo-Saxon Protestant"（WASP）这样的美国主流人群则被当作是 national 的，而非 ethnic 的，很少被称作 ethnic group/族群。

目前，族群（ethnic group）与族群认同是人类学、民族学、社会学等学科研究的热点问题，对族群问题的研究存在着不同的学术观点和理论。早期，对族群概念的界定是马克斯·韦伯（Max Weber），他将族群定义为：某种群体由于体质类型、文化的相似，或者由于迁移中的共同记忆，而对他们共同的世系抱有一种主观的信念，这种信念对于非亲属社区关系的延续相当重要，这个群体就被称为族群。弗雷德里克·巴斯（Fredrik Barth）在其主编的《族群与族界：文化和差别的社会组织》一书中提出，族群并不是一种文化承载和区分单位，而是一种社会组织。自我认定的归属和被别人认定的归属，是族群的最重要区分特征。那种根据一个人的出身和背景来推定的基本身份归属也就是所谓的族属。当行动者为了达到互动目的，按照他们的族群身份来类分他们自己以及别人的时候，他们也就形成了这种组织意义上的族群。有许多文化差别只不过是人们用来表明他们族属不同的标志而已。

这些被用做族群标志的文化差别,既可能与人们的行为差异有十分重要的关联,也可能与人们的行为差异没有什么实际关联。它们既可以渗透在整个社会生活中,也可以仅仅与社会活动中的某些领域相关。只要人们在互动中保持族群认同,就会产生出认辨该族群成员的标准和标志其族界的方法。因此,与其说文化差异是族群的定义特征,倒不如说是族群认同和族界维持的一种"牵涉"或结果。退一步说,尽管族群认同和族界的维持并不能解释为什么会出现文化差异,但却能让我们看到文化差异是怎样在族界维持过程中得到了延续。

格尔兹(Clifford Geertz)认为族群问题是一种原生情感问题。在他看来,在血缘、语言、习俗等方面的一致,在人们看来,对于他们的内聚性具有不可言状,有时且是压倒一切的力量。事实上,每个人都系属于自己的亲属、邻居、教友。结果,这种归属感不仅是出于个人情爱、实践需要以及共同利益或应承担的义务,而且至少在很大程度上是出于保持这种纽带本身的某种不可言喻的绝对重要性。这种原生纽带的普遍维系力,以及其重要类型的序列,随着每个个人的不同、社会的不同和时代的不同而不同。但从实际看,基本上每一个个人、每一个社会和几乎每一个时代的某种归属感都源于某种自然的——有些人会说是精神上的——亲近感,而不是源于社会互动。

美国学者戴维·波普诺认为:具有鲜明的社会和

文化特点的群体叫民族群体（ethnic groups）。种族群体（racial groups）是指具有鲜明的体质特征的群体。不过，民族、种族、文化和生物性往往紧密相联。另外，一个社会中各种群体的种种文化与生物上差异的意义总是由主导群体决定的。同样地，种族主要是一个文化的概念，而不是一个生物的概念。对主导群体来说，只有一些确定的群体间的生理差异具有足够的社会意义，可以当作种族认同的基础。

二、种族、族群与民族的定义

种族、民族与族群三者都是关于人类差异的，三者之间既联系，又有区别。种族主要从生物学的视角来研究人类的差异，民族与族群则侧重于从社会文化的视角来研究人类的差异。

种族又称人种（race），关于种族的定义主要有下列几种：第一，"种族是基于共同血缘的人们的地域群体，这种血缘关系表现在身体外表上有着许多类似的特征。"第二，人种也称"种族"。指具有同一起源并在体质形态上具有某些共同遗传特征的人群。体质形态上的遗传特征包括：发型、发色、肤色、眼色、再生毛的发达程度、头型、血型、脸盘和脸上柔软部分、眼鼻唇的结构和大小等，它们都是在一定的地域内长期适应自然环境而形成的。第三，人种是一种以具有一定性状的、可以遗传相承的体质特征为依据的人类主要区分。

　　种族是在一定地理环境和文化环境中形成的，具有区别于其他人群的共同遗传体质特征的人群，造成人类种内分异的原因不仅有地理隔离，还包括文化隔离。人类群体之间的基因交流不仅受自然隔离因素的限制，同时也受文化隔离因素（风俗习俗、宗教信仰、社会观念、法律等）的限制。区分种族的体质特征主要有皮肤、眼睛、头发的颜色、发型、唇状、身材、脸型、鼻型、颚型、血型、指纹等等。按一定地理环境和不同的体质特征将人类划分为蒙古利亚种族（黄色人种或亚美人种）、澳大利亚、尼格罗种族（黑棕人种或赤道人种）、欧罗巴种族（白色人种或欧亚人种）等等。

　　物种是生物存在的基本现象，也是生物进化的单位。生物学上种的传统定义是指形态相似，有一定的分布又彼此可以自由交配，并产生正常后代的一群个体。不同种之间的个体，在形态上差别很大。种的现代定义是"具有共同基因库的实际上或潜在的相互配育的群体"。在生物学上人种的含义相当于动物的亚种。在动物界中，典型的种与亚种有下列的区别：第一，种与种之间的形态差别通常较亚种之间为大；第二，两个亚种杂交所生的后代有正常的繁殖力，而各个种之间一般不能杂交，或者虽能杂交，但其后代一般没有繁殖力；第三，在两个亚种分布区的接触地带，常存在着过渡类型，这是亚种杂交有繁殖能力的自然结果，在不同的种分布区接触地带却没有过渡类型；第四，两个不同的种常常同时并存于同一地区，而不同的亚种则其分布区很少有一个进入另一个的情况；第五，人在生物学上是属于动物，即灵长目中人猿亚目的智人种，世界上不同的人种都属于同一物种。现代各主要人如蒙古利亚种族（黄色人种或亚美人种）、澳大利亚、尼格罗种族（黑棕人种或赤道人种）、欧罗巴种族（白色人种或欧亚人种）之间形态的差别，大体上只相当于动物亚种之间的差别。各人种有一定的分布区，如白色种人主要分布在欧洲和西亚，黄色种人主要分布亚洲和美洲，黑色种人主要分布在非洲。不同人种之间可以通婚，而且其后代具有正常的生殖能力。另外，在不同人种之间存在着过渡人群，如界于黑色人种和白色人种之间的有埃塞俄比亚人种和南印度人种；界于白色人种和黄色人种之间的有南西伯利亚人种和乌拉尔人种；界于黄色人种和黑。

现代各大人种，主要根据人类体质的性状如肤色、眼色、发色、发型、面部特征、头型、身材等而区分的。近年来又增加了血型、指纹等生理生化性质作为人种分类的特征。人种分类所依据的这些体质性状必须具备以下几种条件：①具有遗传性，能传给后代；②在相当长的时期内不发生重大的改变；③受外界环境影响的范围很少；④不受性别和年龄的影响。因而，有些体质性状如脂肪层的厚薄、肌肉的发达程度等便不能作为人种性状。

虽然各主要人种在表面上看来彼此明显不同，但是从所有的人种来看，彼此借着一系列不明显的中间类型互相联系着。大洋洲原住民头发的波形和发达的胡须接近于欧洲的白人，但在许多方面则与非洲的黑人相似，具有暗的肤色、宽鼻、突出的唇等。因而有人主张把它归属于黑种，有人则主张把澳大利亚人种划分出去，成为第四大人种或棕种。美洲的印第安人与亚洲的黄种人相似，应为黄种。过去曾把印第安人划为"红种"，认为他们的皮肤带有红色。后来发现红色是由于他们有脸上涂抹红色颜料的习俗，实际的肤色是黄的，一系列结构都与黄种相似，因而改归入黄种。但在美洲的若干地区，他们具有明显突出的鼻子，与欧洲的白人相似。东南亚人属于黄种人，都具有一系列接近黑人的特征，如宽鼻和突出的厚唇等。

人种是人类群体在特定的环境条件下适应进化的产物。通常作为区分人种的体质特征，可能是数万年前，人类长期适应了不同的地理环境、文化环境，是地理隔离和文化隔离的结果。现代人类遗传学已经证明，人类的正常体质特征，既有明显的遗传性，又因受环境因素（气候、食物、生活习惯等等）的影响，而表现出相当大的变异性。事实上，人种之间的差异比之个体之间的差异小。同时，人种之间的差异又比同一人种中的个人差异要大。不同种族的生物学基础上是相同的，再现种族体质特征时，只有人类全部基因的百分之几在起作用。每一种群体，由于周围环境的不同，可能出现某些地方性变异的形态学和生理学上的特点。

我们认为种族是一个综合的概念，种族类型既反映出一定的社会文化因素，又反映出体质上的差异。人类的体质差异既受生物因素的影响，又与文化因素、环境因素有密切联系，人类的体质差异的形成是生物因素、文化因素和环境因素的综合作用所至。

民族一词是一个历史的范畴，具有多种含义，一般是泛指历史上形成的、处于不同社会发展阶段的各种人们共同体，如原始民族、古代民族、现代民族等。同时还有其他广泛的用法，如中华民族、阿拉伯民族等。在我国汉语中，民族一词在近代才开始普遍使用，这是同我国近代历史和民族民主革命相联系的。

在英文中，ethnic 和 nation 的来源、含义和用法是不同。nation 的来源是拉丁文 natio。它的原义为"种族"（race），"种"（breed），出身，或血缘纽带。据说此词最初具有贬义。罗马人很少自己称作 natio，他们仅用此词来指称那些籍贯相同的外国群。出于语言和习俗上的方便，这些外国人倾向于按籍贯居在罗马的城市中。在罗马人眼里，这些外国人是滑稽可的。后来，在中世纪的一些大学中，此词又被用来称呼来自一个地区的学生和教师，或大学中由这种"同乡"组成的团。把一个国家的人民称作 nation，进而用 nation 来代指一个国家，这种用法可能在 17 世纪晚期即已出现，尽管直到 18 世纪晚期，人们仍习惯于用王国（realm，kingdom 或 country）等词来指称国家。据说，nation 的形容词 national 出现在 17 世纪。后来这个词又衍生成名词，被用来指称"国民"。随着"国民"一词的出现，"臣民"（subject）一词也就被逐渐废弃。总之，把一个国家的人民进而国家称作 nation，这与"人民主权""大众即国家"等信念的蔓延，共和政体的兴起，过去的"朕即国家"等信条的瓦解，及王国、帝国的衰落相关。

19 世纪末和 20 世纪早期欧洲的 nation 概念，一般是指一个主要群体成立一个国家，现在的 nation 一般指一个国家内所有的人群所组成的群体。"nation"与"国"已经不被清楚地划分，一些学者索性将 nation 和 state（国家）合起来使用，即 nation-state。当然，nation 是强调人群方面的，而 state 则强调有主权的政治地理单位。当今世界上的 nation 皆是多元族群所组成的，都是多元一体的国家。后殖民地的新国，甚至 1949 年成立的新中国，都有必要推行国家建设，使各族和平共处，共同认同一个新的中国，共同促进国家的团结与繁荣。国家认同对多元族群/民族的国家是很重要的。

斯大林有关民族的定义，在我国民族学研究中产生了很大的影响，斯大林的民族定义是：人们在历史上形成的一个有共同语言、共同地域、共同经济生活以及表现于共同文化上的共同心理素质的稳定的共同体。民族一词往往与政治联系在一起，是一种社会的政治建构。

族群（ethnic group）与民族一样，具有多种含义，族群是人们在交往互动和参照对比过程中自认为和被认为具有共同的起源或世系，从而具有某些共同的文化特征的人群范畴。纳日碧力戈在《现代化背景下的族群建构》一书中指出：族群所指的对象实体是一种内核稳定，边界流动的人们共同体。他为多种社会结构提供了象征力量，从国民国家到地方团体都可以找到他的影子。族群也为社会实践提供了操作原则，并且在许多历史事件中变成奋斗目标，成为区分敌友的边界。族在历史发展的过程中，产生了超过其他人类群体形式的可塑性、包容性、象征性、创造性，民众性和稳定性。族群可以和家庭乃至基因发生隐喻的关系，也可以和政党乃至国家等同，是国家和国家之间的桥梁。[1]

郝时远提出 ethnic group 包含着高度抽象和十分具体的内涵，对它的含义也可以理解为这样几点：第一，属于人类群体分类中"族类化"的概念，它所指称的群体有一个名称（符号）；第二，这类群体的区别基于体貌特征（种族），民族（国家、祖籍地、族体）归属、文化习俗、语言、历史和祖先记忆、宗教信仰等方面的显著不同；第三，其成员在心理、感情和价值

---

[1] 赵利生：《群体结构中的民族》，《西北师范大学学报》（社会科学版），2004年第1期，第36页。

观念上通过感知他者在上述要素方面的与己不同而自我认同；第四，一个这样的群体在自我认同的基础上维护本群体的边界，同时排斥异己群体；第五，通常被指称在一个社会中居于文化上非主流地位、人口规模属于少数的群体，包括移民群体。

综上所述，种族、族群与民族之间既有区别，又有联系。他们之间的联系表现在民族与族群都是一种着重于从政治、经济、文化等方面强调人们之间社会关系的一种历史范畴。而他们之间的区别在于民族一词更具有政治意义，常指被制度化、政治疆界化了的人们的共同体，是一种社会的政治建构；而族群一般是建构在血缘认同和文化认同基础上的人们的共同体，是一种文化建构。种族是从生物和文化结合的视角来研究人类的差异，是在一定地理环境和文化环境中形成的，具有区别于其他人群的共同遗传体质特征的人群。

三、族群认同理论流派

族群认同（Ethnic Identity）是通过一系列的文化要素表现出来，共同的文化渊源是族群认同的基础。现今社会是一个移民时代，世界政治、经济、文化力量的格局正在发生变化，不同的族群正在融入统一的世界体系中，族群之间的互动更加频繁，由此也带来了不同文化之间的碰撞和交融，并强化了族群之间的文化差异。

潘蛟提出认同首先是一种自我肯定的延伸,与职业、阶级、性别认同不同,族群认同植根在人们对于他们的世系或起源的信念中。因此,能反映其世系和起源的文化、传统和历史便被挑选出来当作是族群的标志。由于族群认同是一种通过追溯设想的世系、起源来延伸的自我肯定,因而它在很大程度上是象征的、情感的、原生的或非理性的。认同存在于与"他者"的关系中。自我是开放的,是可以伸缩的,通过追溯或想象世系和起源,人们既可以认为整个人类都同源,也可以认为每个人都不同源。因此,对于族群认同不应该仅仅从自我肯定的延伸本身来理解,而应该从锁定这种伸延的政治、经济和意识形态场景,或与"他者"的对峙来理解。由于与"他者"的对峙是可以转换的,因此族群认同可以是随对峙场景变化而变化。

"认同"一词源于心理学,心理学是注重个体研究的,因此一个个体对某一个个体接纳是其本义。但作为一种操作性概念,它主要是一种能动的与个人主义的价值理念密切相连的归属性。过去是心理学的一个定义,现在心理学本身很少应用,可在别的领域却大量出现,并成为这个时代民族政治紧张和压力的矛盾中最核心的词。由于大量使用,因而界定也有多种。在社会科学领域,这个概念的使用范围日益扩大,包括社会认同、文化认同和民族认同等,它们分别指个人认为自己与所处的特定的社会地位、文化传统或民族群体的统一；还有的定义为"认同指个人与他人、群体或模仿人物在感情上、心理上趋同的过程"。由于哲学、社会学、人类学等方面的学者的采纳，后又转为着重揭示个人与群体，甚至群体与群体的归属，有的学者认为族群认同是"社会成员对自己族群归属的认知和感情依附"。族群认同是在族群间互动的基础上形成的，如果一个族群中的个体，从未接触过异文化，那么就无从产生认同，只有存在一种差异、对比，才会产生将自己归类、划界的认同感。族群认同需要通过一系列的文化要素表现出来，是以文化认同为基础的。

族群认同问题国内外学者对其进行了不同的研究和阐释，目前此领域的理论主要有以下几种。

1. 原生论（primordialism）。主要代表人物是希尔斯（Edward Shils）、范·登·伯格（Van den Berghe）和菲什曼（Joshua Fishman）。他们认为族群是人类自然单位，具有和人类一样的悠久历史。语言、宗教、种族、土地等"原生纽带"使这些自然单位获得内聚外斥的力量和依据，还认为族群是亲属制的延伸。菲什曼认为，族群意识与其他意识的根本不同之处在于，它强调"父子关系"而不是"世袭财产"。作为族群性基本要素的语言、行为和其他文化特征都和体貌等一样，被认为是血缘遗传的结果，而不是后天习得的。原生论不是把族群内的最小单位划分到小家庭和个人，而是基因。其鼓吹基因决定族群性，偏激认为族群是亲属制的延伸。原生论还不能够完全解释族群历史和现实。

原生论虽然探讨了族群的内部动力，但是却把内部动力和外部形态混为一谈，得出"族群是亲属制的延伸"的结论。我们知道族群的本质在于，首先它是家庭或者是家族的认知变形，而不是自然延伸；其次，它更多地借助了家庭或者家族的原生特征；最后，虽然家庭或者家族更有可能提供生物性原动力，但族群正在取代家庭或者家族成为构建各种社会组织的基本单位，并且提供着强大的文化动力。

2. 族群现代—想象论。其主要代表人物是安德森（Benedict Anderson）和盖尔纳（Ernest Gellner）。安氏在其《想象的社群》中指出国民国家（nation-state）是一种道德群体，在想象中它从来就是有限的和有主权的。它之所以是想象的，就是因为即便是最小的民族中，一个人从不会认识他的大多数同胞，但是，在他们的心灵中有使他们互相沟通的形象。民族主义精英、知识分子和政治家，利用旗帜、游行、大会一类的仪式和符号，来解决把异己人口整合于社会的问题，培养他们的国民国家认同感。

3. 族群神话—符号丛论。其代表人物主要是西德·沃森（Hugh Seton Wason）和史密斯。史氏认为族群的核心是神话、记忆、价值和符号。族群的生命力和特性，不在于生态环境，不在于阶级格局，不在于军事、政治关系，而在于其神话和符号的性质。没有神话就没有集体目标,认同和目标是国民国家概念的基本要素。族群也不例外,没有认同的命运,就没有族群。

4. 边界论。巴特的《族群和边界》一书成为边界论的代表作。他从族群结构差异及其由此产生的族群边界来解释族群现象,而不是用历史主义或是还原论的观点解释。边界论认为,族群首先是族群成员的归属和认同范畴,它对于族群之间的互动具有组织和协调作用。边界论不强调族群和族群关系的类型和分类,而是关注和探讨族群得以产生和存在的不同过程,其重点在族群边界和族群边界的保持,而不是不同族群体的内部构成和历史。还指出文化特征是族群存在的必要条件,但它毕竟不是充分条件,应该同时保证族群边界存在的结构性对立,族群的本质在于自识和他识。

综上所述,族群问题是一个涉及范畴较广的问题,它与历史、认知、情感、信仰、种族、神话、记忆、价值和符号等相关联。族群的范畴可大可小,我们赞同纳日碧力戈的观点,族群属于一种"流动"符号,不断在本土化、现代化和各种力量互动的过程中,得到新的定义。各种政治、经济、文化的因素都可以被族群所容纳,打上族群的标记。族群的灵活、变通的性质是通过象征和创新来表现的,它在反映社会和人文现象的同时,也创造新"传统"。族群和家族密切相关,它源于家族又高于家族。家族为族群提供的想象的或者实际的根据,使它的核心部分保持稳定。

本研究关注的云南"藏回"族群,是清代进入云南迪庆藏区的回族,由于长期生活在藏区,其生活方式比较接近当地的藏族,即他们说藏语、穿藏服、住藏式房屋、饲养牦牛、和藏族通婚、喜食酥油茶和奶制品和爱好藏族歌舞等特点,但又保留了回族的一些文化传统。从文化结构的特征而论,在学术研究中我们将其称为"藏回",将"藏回"作为一个族群来研究,试图运用族群理论来分析与观察。同时,通过对云南境内受到藏族文化影响较深的"藏回"族群所发生文化变迁的研究,探讨"藏回"族群的社会文化变迁过程、社会新问题,以及"藏回"族群社会发展的趋势等,最后倡导对回族文化的研究应该持一种多元发展的视角,并对不同的回族族群及其文化的尊重和关注。

第二节 "藏回"研究的学术回顾

近年来,国内学术界掀起关于"藏回"族群的研究热潮,"藏回"这一称谓由学术界最早提出。广义而言,"藏回"是指具有藏、回两个民族文化特征的特殊

第一章 时空交集:"藏回"族群研究概况

族群。此类族群在中国主要分布于青藏高原的藏族聚居地区,主要为青海、西藏和云南。关于"藏回"通常有两种解释,一种是指藏化的回族,如西藏"藏回"和云南香格里拉"藏回";一种是指回化的藏族,如青海卡力岗人。其中今青海省化隆回族自治县的卡力岗地区有"藏回"分布,[①] 原先民族身份为藏族,由于长期与周围的回族进行着密切的经济往来,在日常的生活中受到回族的影响,从而使得他们在文化上融合了回族的宗教信仰,皈依伊斯兰教,其他民族常称之为"藏族穆斯林""藏语穆斯林"或"藏回",在民族学研究领域中通常被学者们称为"卡力岗人"或"卡日岗人"。[②] 目前有关卡力岗"藏回"的研究主要为:李耕砚、徐立奎《卡力岗地区部分群众昔藏今回的调查》(《青海社会科学》1981年第2期),才旦《只要信奉伊斯兰教就可以说是回族吗?——〈卡力岗地区部分群众昔藏今回的调查〉一文质疑》(《青海社会科学》1983年第3期),李耕砚、徐立奎《答〈卡力岗地区部分群众昔藏今回的调查〉一文质疑》(《青海社会科学》1983年第4期),冶清芳《青海化隆卡力岗地区

---

① 此外,在青海的尖扎、同仁,甘肃的甘南藏区和西藏拉萨以及巴基斯坦巴尔蒂斯坦也有部分"藏回"。

② 对"卡力岗人"身份的争论很多,张中复在《回族现象的"点"与"面"》中谈到马海云等人的调查得知日力刚"藏回"是藏族,《回族研究》2003.2;又有刘夏蓓在《一个特殊回族群体的人类学调查——以卡力岗两个回族村为例》中说明卡力岗"藏回"的身份是藏族,皈依伊斯兰教后被称为"藏回",《回族研究》2004.4。

藏回渊源考》(《青海师范大学学报》社会科学版1986年第4期),马秀梅《青海化隆操藏语回族调查》(《青海民族研究》1994年第2期),马宏武《信仰变异与民族特征——卡力岗回族民族特征浅议》(《青海民族研究》2002年第2期),沈玉萍《卡力岗现象及其分析》(《西北第二民族学院学报》哲学社会科学版2003年第4期),刘夏蓓《一个特殊回族群体的人类学调查——以卡力岗两个回族村为个案》(《回族研究》2004年第4期),梁莉莉《卡力岗的藏语穆斯林》(《中国宗教》2005年第11期),马伟华、胡鸿保《青海卡力岗人研究综述》(《西北民族研究》2006年第3期),马伟华《青海卡力岗回族文化习俗传承与变迁的考察——以化隆县德恒隆乡德一村为例》(《西北第二民族学院学报》哲学社会科学版2008年第3期),马伟华《青海卡力岗回族宗教认同的调查与思考——以青海省化隆县德恒隆乡德一村为例》(《中南民族大学学报》人文社会科学版2009年第6期),达娃央宗《青海卡力岗人的族群身份变迁》(《青海民族大学学报》社会科学版2013年第1期)等,约有23篇论文对卡力岗人进行专题研究。从这些研究来看,集中对卡力岗地区信仰伊斯兰教而发生文化变迁的藏族进行了民族身份识别、文化变迁、宗教民族认同等方面的研究,从语言、文化习俗和生活环境特征来识别为藏族,从信仰伊斯兰教、穆斯林宗教习俗、回藏通婚等现实来论断为藏族穆斯林或藏语穆斯林。从族源身份来看，卡力岗地区"藏回"族源主流为藏族，伴随皈依伊斯兰教，日益穆斯林生活习俗化及与青海、甘肃等地回族经济文化交往的密切，使得其整个族群的文化习俗向回族转化，逐渐增强回族民族认同感。同时也围绕民族身份及宗教认同的互动关系，对回族认同理论进行一定层面的探讨，最后得出藏、回宗教文化和生活习俗相互融合，民族关系和谐自然交融的结论。另外，除卡力岗"藏回"外，青海黄南藏族自治州隆务镇的回族群体也发生了社会生活藏化的变迁，成为另一支"藏回"，可见的论文为骆桂花《青海藏区回族社会生活变迁调查——以黄南州隆务镇为例》（《青海民族研究》2005年第4期），论文阐释了以藏族为主体民族，以藏文化为主导的区域社会空间中，回族、保安族日常生活、宗教生活、婚姻家庭、族际交流等层面在社会变迁中不同程度上受到藏族影响。而与此同时，在文化和经济互补的现实中，回族群众不断调整自身社会结构和组织形式，在日常生活、宗教文化、婚姻观念等方面表现出与藏族的相互尊重相容，同时又加强回族内部组织结构的统一和多样性共存（如教派）。另外，论文还指出隆务回藏民族关系也会随着社会的发展、地域利益矛盾、文化差异及政策倾向等因素的影响而日益复杂。

此外，在西藏拉萨市也有"藏回"族群分布。拉萨"藏回"是对拉萨回族的俗称，是指当前户籍在西藏自治区拉萨地区，接受部分藏族生活习惯，与藏族通婚，穿藏装，说藏语，信仰伊斯兰教的回族。应与到拉萨经商、来自其它藏区和内地的流动穆斯林相区别，以免产生歧义。① 截至2000年，西藏回族人口2132人，其中拉萨回族人口1700人，占西藏回族总人口的79.78%，占拉萨总人口的0.43%。拉萨回族又主要居住在城关区的八角街和河坝林附近，呈现"大聚居、小分散"的居住特征。② 有关拉萨"藏回"的研究论主要为：罗布《"藏回"的历史与现状——访拉萨大清真寺亚古教长罗布》（《西藏大学学报》社会科学版2012年第3期），黄罗赛《西藏的藏族和回族关系初探》（《中国藏学》2008年第2期），杨捷《雪域高原上的回乡风情——漫话青藏高原的藏回历史》（《中国穆斯林》2006年第2期），杨晓纯《拉萨藏回及其文化思考》（《青海民族研究》2010年第4期）等。关于西藏"藏回"研究的论文不多，但同样立于特殊的族源来历和鲜为人知的多元地域文化特征，拉萨"藏回"的文化结构、族源、宗教文化变迁、族群认同等方面始终是主要的研究内容。通过拉萨"藏回"族群文化结构和社会生活中的藏、回特质，充分证明

---

① 杨晓纯：《拉萨藏回及其文化思考》，《青海民族研究》，2010年第4期，第61页。

② 西藏自治区统计局、国家统计局西藏调查总队：《西藏统计年鉴》中国统计出版社，2007。

了早期穆斯林进入西藏拉萨地区积极融入当地社会，与藏族和睦相处，并得到西藏地方宗教的支持，并经过回族与藏族社会分工和经济贸易中的互补，相互吸收各自宗教文化和习俗，彼此尊重和宽容民族关系的历史。

另一"藏回"族群的地理集中分布区域是今云南省迪庆藏族自治州的香格里拉、德钦、维西三县（市）境内，云南藏区回族在一个世纪的历史生活中发生了藏族生活方式及其文化层面上的大规模变迁。即发生文化变迁，生长在藏族地区，受到藏族文化的强势影响，日常生活习俗相同于藏族因而被称为"藏族穆斯林""藏语穆斯林"和"藏回"。有关云南"藏回"的社会文化资料记载现今仅见于地方志书和一些社会历史记录，而进行具体的村落社会、经济和文化的调查及研究的学者主要为马维良和马占伦。在云南迪庆州的三个县内均有回族分布，并且一致地表现出其生活文化上明显受到藏族文化影响的特点，藏族称之为"古格"，其他民族大多称他们为回族，也称呼为"藏回"，而见于史书文献或是专业研究文章中却没有使用"藏回"这一名称。相关研究成果为：马维良《藏区哈巴雪山下的回族》（《云南社会科学》1986年第6期），李红春《鲜为人知的云南"藏回"》（《中国穆斯林》2006年第1期），李红春《关于云南"藏回"社会文化变迁的思考》（《中国藏学》2008年第2期），李红春《试论族群认同与文化变迁的整合——对香格里拉县哈巴村"藏回"族群的解读》(《云南社会科学》2008年第3期),张实、李红春《云南藏区"藏回"族群社会结构研究》(《云南师范大学学报》哲学社会科学版2009年第5期),白志红《藏彝走廊中"藏回"的民族认同及其主体性》(《民族研究》2008年第4期),李志农、李红春、李欣《藏彝走廊"藏回"文化特征探析》(《广西民族大学学报》2008年第6期),李志农、李红春、李欣《藏化与回归——云南迪庆"藏回"的文化走向》(《思想战线》2008年第5期),丁明俊《云南迪庆"藏回"的形成及文化特征》(《回族研究》2006年第2期),次旦顿珠《藏穆之路的回藏关系——云南省香格里拉三坝乡安南村田野调查》(《西藏大学学报》社会科学版2010年第4期),马尚林《略论藏彝走廊中的回藏和谐民族关系研究》(《西南民族大学学报》人文社会科学版2012年第7期),刘琪《族群归属与社区生活——对一个云南小镇"藏回"群体的人类学研究》(《青海民族研究》2013年第1期);专著有张实、李红春著《云南省香格里拉县"藏回"族群研究》(知识产权出版社,2012年10月第一版)、丁明俊著《中国边缘穆斯林族群的人类学考察》(宁夏人民出版社,2006年3月第一版)。这些论文及著作均以考察兼有藏和回两个民族文化特征的"藏回"族群的族源追溯、居住迁移历史、族际关系、宗教变迁、族群认同等方面为主要研究内容。大部分研究以多元民族文化特点明显的"藏回"族群为研究

第一章 时空交集:"藏回"族群研究概况

对象,具体分析处于多元文化与族际中的回族群体,重点对其受到藏族文化宗教生活的影响,文化特征发生藏化的文化变迁过程。云南"藏回"族群所呈现出的特点为,对自身的文化内容进行了自觉调适,形成了在生活方面与藏族密不可分,高度一致,而在民族身份、宗教信仰方面因族群人口格局、通婚和族际关系程度的差异而呈现出多维度的族群认同及文化选择。现今云南"藏回"呈现出三种社会文化发展现实,完全藏化(文化乃至身份的藏族变化)、继续藏化(文化生活的藏族模式化,但身份牢固的回族认同)和回族—伊斯兰教化(向回族文化的不断回归和构建)。正是云南"藏回"独特的文化内容和认同事实丰富再现了云南藏区民族文化的多元历史与现状,成为研究藏彝走廊民族文化多样性与多民族和谐民族关系的鲜活案例。

回顾前人对"藏回"族群的研究成果,在民族研究性质的成果中"卡力岗人"、西藏"藏回"族群的研究主要涉及对族群来源及民族认同方面,主要对卡力岗人民族身份进行考证,并认为经由改信伊斯兰教的卡力岗藏族在宗教生活中进行大规模的回族文化转换,并逐渐使得族群认同发生了由藏族向回族的转换。同时,研究得出结论认为,卡力岗"藏回"的形成与伊斯兰教传承密不可分,是因宗教信仰而引发的文化变迁和族群认同变更。云南"藏回"族群的研究主要侧重于民族风俗和社会经济方面的调查报告,报告资料主要有20世纪80年代马维良对"藏回"社会的调查。马维良在研究中对香格里拉的哈巴兰家村和龙湾边村"藏回"进行了涉及村落基本社会状况、族源历史、民族风俗习惯、民族心理素质等方面的介绍和讨论。从文中我们了解到藏区回族社会生活的基本状况，其特征是藏族和回族两种民族文化相互交融于生活之中，但是值得指出的是马维良对两村"藏回"宗教认同和回族传统风俗文化的介绍缺乏翔实的资料研究。长期以来，已有"藏回"研究缺乏较注重族群文化变迁与族群认同探讨，而对于回藏两个民族之间的民族关系、文化交融、心理认知等缺乏深入探讨，同时对于今天"藏回"族群社会新的文化变迁及族群认同的追踪调查和研究也不足。之后大量关于迪庆"藏回"的研究几乎都直指文化多元与族群认同以及二者之间的关联性。关于云南"藏回"的研究高潮集中于近十年，由于香格里拉哈巴村"藏回"伊斯兰教传承，在回族传统文化和回族认同的理论建构方面有了一定程度的理论探讨。关于回族与伊斯兰教二元一体论的怀疑和思考成为云南"藏回"研究最为关切和最有学术价值的重要部分。藏化生产生活的保留与回族传统文化—伊斯兰教回归的强化之间有无可以共存的空间，如何密切周围藏族与回族关系以及拓展外界回族往来关系不仅仅是"藏回"群众面对的一个现实抉择，同样也是学者较为关切和努力探索的焦点所在。

中国南北两个"藏回"族群间既有共性，也有个性差异。两支"藏回"的共性是他们都生活在藏族地区,受到区域性主流藏族文化的影响极深,在日常的社会生活发生了区域性文化的适应,从文化外貌中能够看到藏族的特征始终是显性的。然而有所不同的是,卡力岗"藏回"的民族身份是藏族,在文化上较多地借用回族文化,由于宗教上的皈依而影响到日常生活、经济交往、婚姻、人际交往群体的选择,都出现向回族群体的选择,文化上的大规模变迁使得他们的藏族民族身份被主观有意识地掩饰,而在心理上比较能够接近回族群体,从而由文化的转变到认同上转变,实现生活文化的藏族化和宗教文化的伊斯兰—回族化交融,民族认同没有获得根本性变化,其更多是认同于藏族穆斯林。而云南"藏回"民族族源主体为回族,因为族群文化大量吸收藏族文化,加之回藏通婚的持续影响,进一步加深了族群文化结构和认同偏离。伴随藏族文化的逐渐认同,伊斯兰教信仰传承的衰落和淡化,渐渐地发生了由文化外貌至族群心理不同程度的调适变化。云南"藏回"族群的文化结构和宗教认同方面都比较特殊,且复杂多面,较为完整地展现了藏、回民族关系的深度和广度,由于人口比例、通婚比例、历史记忆、宗教传承等具体情况的差异而形成了如今云南"藏回"文化变迁和族群认同的几种类型,由此自然成为研究回藏两个民族文化互动及和谐民族关系的鲜活例证。

第二章

陕西后人:"藏回"族群的历史记忆

人类学对历史的关注是一个断裂和延续的过程,对记忆的关注则是一个渐进的过程。[①]

——张伟明

如今,云南"藏回"族群分布格局的形成是历史原因造成的,因为这里的回族族源主要为外来避难的回族移民。早期的回族主要居住于香格里拉县城及茶马古道的集镇之地,这里形成了一定的回族聚居地。

[①] 张伟明:《历史记忆与人类学研究》,《广西民族研究》,2005年第3期,第40页。

伴随政治迫害和地方匪乱抢掠，"藏回"屡次被迫举族迁徙，沿途逃难重新组建族群居住村落，形成了如今的"藏回"人口分布的区域差异。在"藏回"祖辈几代人的记忆中都有着关于族群不断迁徙逃亡的集体记忆，成为族群文化发生变迁的一个主要历史依据，并不同程度影响着族群认同的主要内容。通过云南"藏回"族群的历史记忆，追溯族群的族源及族群形成的历史，再现族群迁徙、社会融合、文化适应的过程，进一步加强对"藏回"族群社会历史背景的理解。

第一节 迪庆回族的源流

一、迪庆民族文化概况

迪庆，藏语意为"吉祥如意的地方"，是云南省唯一的藏族自治州，也是全国 10 个藏族自治州之一。位于青藏高原东延部分南北纵向排列的横断山脉滇、藏、川三省区结合部，地处金沙江、澜沧江、怒江三江并流国家级风景名胜区的核心地带，澜沧江和金沙江自北向南贯穿全境，形成"雪山为城，江河为池"的特殊地貌，是滇西北高原上一颗璀璨的明珠。特殊的地理环境孕育了特殊的自然气候现象，使这里成为地貌奇观独特、地球生物物种富集的地区之一，并孕育了充满神秘色彩的香格里拉文化。古以"茶马古道"名闻天下,今以"香格里拉"誉满全球。由于地处"民族迁徙大走廊"核心区域和"藏彝走廊"接合部,居住着勤劳、勇敢、淳朴、好客的藏、傈僳、汉、纳西、彝、白、回、苗、怒、普米等25个民族,总人口约34万,其中藏族占总人口的33%。历史上各民族在这里南来北往,迪庆形成了各民族大杂居小聚居的分布格局,各民族在漫长的社会历史发展中创造了自己灿烂的文化,虽文化各异,习俗有别,却能相互融合,长期和睦相处,谁也离不开谁。

迪庆境内有29个民族,千人以上的有藏、傈僳、汉、纳西、白、回、彝、苗、普米等9个民族。迪庆藏族自称"博",操藏语康巴方言,使用藏文。迪庆藏族性格刚毅,能歌善舞,长于骑射,热情好客。主要分布在德钦县、香格里拉市和维西傈僳族自治县的塔城镇、巴迪乡等地。傈僳族主要居住在维西傈僳族自治县境内,德钦县的霞若乡、香格里拉市的洛吉乡等地也有分布。迪庆傈僳族热爱生活,长于歌舞,纯朴勤劳。语言属汉藏语系藏缅族彝语支,使用傈僳文。迪庆纳西族主要分布在香格里拉市三坝、金江、上江,维西县永春、塔城、攀天阁、叶枝及德钦县佛山等乡镇,其语言属汉藏语系藏缅语族彝语支,有本民族古老的象形文字"东巴文"。境内纳西族喜好歌舞,勤劳善良。迪庆白族主要分布在维西傈僳族自治县维登、中路、白济汛等乡,自称"那玛人"。迪庆彝族主要分

第二章 陕西后人:"藏回"族群的历史记忆

布在香格里拉市的虎跳峡、三坝、洛吉、金江及维西县永春等乡镇，大部分居住在海拔2 500～3 000米的高寒山区，使用彝文。迪庆普米族主要分布在维西县的永春、攀天阁及香格里拉市的三坝、洛吉、金江、上江等乡镇，大部分居住在河谷地区及丘陵地带，语言属汉藏语系藏缅语族羌语支。迪庆回族主要居住在香格里拉市建塘镇、三坝乡，德钦县升平镇，维西县保和镇、白济汛乡等地，通用汉文。迪庆苗族主要居住在香格里拉市金江镇，语言属汉藏语系苗瑶语族苗语支，只在本民族内部日常交往中使用，其他交流通用汉语。迪庆境内各民族长期以来亲善相依，共同为迪庆经济社会的发展做出了贡献。

在多民族和睦共处的同时，多种宗教共存共荣，形成宗教现象的奇观。迪庆藏族自治州自古是云南地区与四川、西藏的交通要道，是滇、川、藏的接合部，是历史上"茶马古道"的重要路段之一。公元7世纪初期，吐蕃崛起后便向周围地区扩张势力。公元7世纪末8世纪初，吐蕃势力逐渐渗入滇西北地区。由此，藏传佛教也被带入了这一区域。继吐蕃之后，普米族约在元代从四川木里县迁徙入迪庆地区。他们除了保留本民族原始宗教外也信仰藏传佛教。

明万历年间，丽江木氏土司向西北用兵，其势力曾一度扩张到西藏的芒康，四川的木里、得荣、乡城、稻城等地。由此纳西族进入到迪庆地区，也带入了东巴教。在香格里拉市金江镇车轴村有一座属于东巴教的庙宇建于清朝年间的北岳庙，庙里供奉着纳西族的"阿普三多"。

傈僳族迁入滇西北的时间与纳西族相近，大致在明代。木氏土司统治时期，居住在丽江、维西一带的傈僳族在沦为庄奴的同时还被征调入伍，参与木氏土司向康藏扩张的战事。傈僳族进入初期信仰自己的原始宗教。基督教传入以后，不少傈僳族开始皈依基督教。

汉族迁入迪庆的最早年代大约在明末清初，他们多数来自陕西、山西、湖北、四川等省。汉族在迪庆地区建造汉传佛教、道教和儒教孔子庙宇促进汉传佛教、道教在这些地区传播开来。迪庆地区曾有关帝庙、观音阁3座、龙王庙4座和孔庙3座。其中在纳西族、白族、汉族、傈僳族、藏族、普米族等杂居的车耕轴村境内的庙宇竟多达11座，包括2座山神庙（1座位于满库村民小组，建于民国年间，1座位于光明，建于清代）；2座观音庙（1座位于吉嘎乐村民小组，建于明代；1座位于光明村民小组，始建于建于明代，民国初年扩建过一次）；北岳庙1座（位于光荣村民小组，建于清代）；龙王庙1座（一说建于明朝末年，一说建于清朝康熙年间）；玉皇阁1座（位于三台山，建于1826年）；地母庙1座（位于巴迪村，建于民国初年）；川主庙1座（位于车轴和吾竹交界处）；魁星阁2座。1949年前在香格里拉、维西城镇汉族聚居区内还有许多民间宗教的教派，如慈善教、无极教、长斋教、白莲教等众多教派。① 彝族于清光绪年间从四川省冕宁县、盐源县迁徙而来。他们主要信仰自己的原始宗教。

除上述的纳西族、傈僳族、汉族、彝族、普米族之外,怒族、独龙族、苗族、白族也有进入迪庆高原者,这些民族中也不同程度地保留有原始宗教。宪宗三年(公元1253年)兀良合台蒙古及回族十万精兵征战大理时,随行的回族将士将伊斯兰教传入迪庆。此外,雍正年间,自山西、陕西、云南大理等地前来德钦挖矿的回族在升平镇建立了伊斯兰教礼拜点。鸦片战争后,各帝国主义列强纷纷在我国扩张其势力以配合殖民主义侵略,各国传教士也追随其后,传教布道建立教堂组织教会。清道光二十八年(1848年),天主教传教士进入迪庆活动。1861年,法国传教士顾德尔、丁德安等进入德钦、维西和贡山,建立了西藏教区、云南陈铎区。并于清同治元年至三年(1862—1864年)修建茨菇天主教堂,迪庆州内第一座天主教堂。接着又修建了阿墩子天主教堂、巴东天主教堂和茨中天主教堂等。二十世纪初叶,英基督教五旬节分会组织将丽江作为对藏区传教的另一个重要基地。波兰传教士郭嘉受英国教会派遣,于1912年来到丽江,并在此地建立五旬节会在滇西北活动的大本营。1913年,五旬节分会派遣美籍牧师禄尔荣、英籍牧师鲍乐

---

① 迪庆藏族自治州民族宗教事务委员会编幕:《迪庆藏族自治州宗教志》,中国藏学出版社,1994年,第213-214页。

敦到维西传教。他们在维西保和镇发展了部分教民。1918年,五旬节会继续向北发展,抵阿墩子今德钦县传教。1920年发展传教徒30人。

综上,因战争、采矿、垦殖等因素,从唐代至清代,藏传佛教、纳西族的东巴教、普米族的韩规教、汉族的道教、傈僳族、彝族等的原始宗教以及天主教、伊斯兰教、基督教都相继在迪庆高原得以传播。于是这片汉藏文化交汇的地带形成了一个多元宗教信仰共存的区域。迪庆藏族自治州包括香格里拉、德钦、维西三县,居住着藏族、傈僳族、汉族、纳西族、普米族、彝族、白族、回族、怒族、独龙族、苗族等个民族。其境内藏传佛教、道教、东巴教、伊斯兰教、天主教、基督教以及各种原始宗教并存。其中藏传佛教、天主教、伊斯兰教、基督教等的影响较大。

据迪庆藏族自治州宗教局、统战部2010年的统计数据得知,迪庆州共有藏传佛教寺院23座,宗教活动点(日朝、拉康)556个,其中格鲁派寺院13座,宁玛派4座,噶举派6座,共有僧尼2430人。[①]

如今迪庆藏族自治州境内有基督教活动点16处,仅维西境内有保和镇、挖夺米底、腊八山村、南布鲁村、兰永村、托八洛、阿夺底、念里米等15处,有教徒6 000余人。多为傈僳族,另有汉族、纳西族等。

[①] 王玉琴:《迪庆藏区多元宗教信仰与社会和谐关系调查报告》,《青藏高原论坛》,2014年第1期,第62–63页。

迪庆藏族自治州现有天主教活动点包括教堂6个。其中，维西县巴迪乡洛咱洛教堂、打尼拉活动点和白济汛乡小维西教堂，德钦县燕门乡茨中天主教堂、茨古教堂和巴东教堂。

历史上迪庆藏区曾有4处建有清真寺，即德钦县升平镇、香格里拉市建塘镇和三坝乡安南村、龙湾边村，现仅存升平镇和龙湾边村2处。信徒绝大多数为回族，还有少数藏族及其他民族。

而建于民国初年以前的各类庙宇包括关帝庙、观音阁、龙王庙、孔庙、山神庙、北岳庙、玉皇阁、地母庙、川主庙和魁星阁等几乎都在"文化大革命"时期被破坏而无一得到修复，但是一部分村民仍保持着自己的信仰。

迪庆藏族信奉藏传佛教；傈僳族除信仰本民族固有的原始宗教外，主要信仰基督教，也有一部分人信仰天主教及藏传佛教；纳西族主要信仰原始宗教东巴教，香格里拉市三坝乡的白地村被公认为纳西族东巴教发祥地，少数纳西族信奉藏传佛教；白族的信仰多信仰本主教；彝族信奉毕摩教，回族信仰伊斯兰教。在迪庆这块神奇的土地上，这种多宗教共存共荣的现象，成为迪庆人文景观中一道亮丽的风景。

二、回族进入迪庆历史

近代以来，进入迪庆高原并定居下来的回族因居住地的不同逐步演变为今天迪庆藏区几大主要"藏回"族群：香格里拉市建塘镇乌吕村和旺次卡村的"藏回"、香格里拉市三坝纳西族乡的安南村（上村、水磨坊村）和哈巴村回族"藏回"（哈巴雪山下的龙湾边村和兰家村）、德钦县升平镇"藏回"族群。

多民族地区形成的"藏回"族群是特殊时代背景下，族际互动的产物。卡力岗人"藏回"的形成主要是与西北穆斯林门宦势力的扩展关系甚密，尤其与马来迟在青海河湟地区传播虎夫耶门宦直接有关联。云南"藏回"的形成则更多与清中期回民起义有直接关系，族源历史记忆主要追溯为陕西白彦虎回民起义军余部南下逃难至迪庆地区，以及一部分云南内地回民迁居至此。

回顾云南"藏回"形成的具体历史过程，分为自然融合、自发迁移、政治避难等多个历史时期。就像回族形成的历史所呈现给我们的路径一样，"藏回"的形成也并非仅限于历史的某个特定时期。相反，历经近一个世纪，云南"藏回"对藏族文化的持续接触、紧密互动、自觉适应之后逐渐形成。[①] 据史料记载，回族先民最早在元代便来到迪庆藏区。元宪宗三年（1253年），兀良合台蒙古及回族精兵十万过金沙江到达罗衰（今维西）、丽江等地，平大理，占领云南。居

---

① 李红春：《香格里拉县回族文化资源调查》，《迪庆州民族文化保护传承与开发研究》，云南人民出版社，2012年7月，第240页。

第二章　陕西后人："藏回"族群的历史记忆

住在维西县的回族据传进入迪庆的历史要早于中甸（今香格里拉）的回族，并与德钦县开办矿业相关联。清雍正年间（1725—1735年），发现了升平镇的马鹿场银矿，大批来自山西、陕西（他们大多自称来自的一个叫烧鸡洼的地方）的回族进入这一地区开发银矿，并定居下来。这是穆斯林第一次大规模进入迪庆。

在历史上，回族素以善经商著称，民间有"无矿不回"的俗语。到了清代，回族因发现、开发和利用各种矿产资源，而使回族流动性大，频繁活跃于边疆民族地区，深入到了云南迪庆藏区。大约在清雍正、乾隆年间，大理、陕西籍经商、开矿的回族大规模进入迪庆，并定居下来。当时在中甸县城形成热闹的北门（商业）街，……建有清真寺。后来，他们发现离县城20公里的包心厂银矿，许多回族前去开银矿。据说有几百人形成了村落、小市镇。……回族人民又在离县城70多公里的安南发现金矿，又集中到这里开采。随之内地回民大量进入，也在这里形成回族村落、小市镇。①德钦县城回族主要做生意。杜文秀起义失败后，一部分人逃走，一部分人发现了离城几公里的白牛厂银矿，于是留下来开矿。据说现在升平镇的兴起，就跟回族开矿、经商有关。②

---

① 马维良：《云南傣族、藏族、白族和小凉山彝族地区的回族》，《宁夏社会科学》1986年第1期，第27页。

② 马维良：《云南傣族、藏族、白族和小凉山彝族地区的回族》，《宁夏社会科学》1986年第1期，第28页。

香格里拉的回族来源也与矿业发展极其相关，中甸开发矿产最早载于明代，由丽江木氏土司管。但那时技术差，规模小，并且多为官方开采。清实行改土归流后，中甸办矿业曾一度萧条，直到清乾隆年间才又兴盛。据《中甸县志》记载，清雍正、乾隆年间，大批回民进入中甸经商开矿，伊斯兰教也随之传入中甸，县城北门街被称为回子街，建有清真礼拜寺，回民宗教活动频繁。这一时期进入迪庆的回族主要聚居在今香格里拉市建塘镇，并已形成了回族聚居的街道，人口发展不断。之后，随着安南金矿的发现，大批聚居在中心镇的回族逐步迁徙到了安南开发金矿，并形成了一个新兴的回族村，回族财富的日益积累引起了藏族的嫉妒，藏族土司和汉族地主联合杀死了当地的回族矿税官员杨课爷，并火烧了安南村，其中幸存的十余户回族只得逃离家园，走进了深山密林，到达哈巴雪山山腰，在现今的龙湾边和兰家村定居下来。[①] 居住在香格里拉市三坝乡安南村和哈巴村的"藏回"的历史记忆也都认同他们的祖先来自陕西，并认定为是清末陕西白彦虎回民起义失败后突围出来的一支起义军，一百多年前定居在香格里拉城区，修建了清真寺，还建立了陕西会馆。

另一支进入香格里拉的回民来自杜文秀起义军的

---

① 李红春：《鲜为人知的云南"藏回"》，《中国穆斯林》，2006年第1期，第45页。

余部，大约为1874年前后，杜文秀起义队伍曾两次来到中甸，受到当地藏族的欢迎，据《迪庆州三百年大事资料简编》记载：咸丰六年，回民起义军一支进入迪庆藏区，藏族土司头人代表到中甸江边境迎接。同年八月，又一支大理回民进驻中甸。清军对进入中甸的回民进行了血腥的剿杀，据《清实录》记载：同治年间，又谕（议政王、军机大臣等）……中甸等厅城，迭获胜战。云南杜文秀等分路中甸等处，经马如龙等进剿，将中甸、维西……个城次第收复。被剿杀的回民起义军少数突围到今中甸三坝安南一带，至光绪年间，因开发银矿才得以定居下来的。

第二节 "藏回"族群的族源

一、回民起义与回族人口变化

回族是中国最晚形成的一个民族，其形成起因最早可以追溯到中国和阿拉伯帝国的交往。据《新唐书·西域下·大食传》记载：永徽年间，大食王始遣使者朝贡。安史之乱时，大食及西域诸国派兵于甘肃、陕西一带助唐兵击退叛军，民间亦有"三千换八百"的传说，意指大食兵和中国女子相互婚配的故事。自此中国唐代始有"蕃客"出现，它是指阿拉伯和波斯商人、使臣和宗教传教士等在华的后裔，早些时候他们大多是男子来华，随着与唐的经济和外交往来的日益密切，来华的阿拉伯和波斯人与日俱增，大量迁徙到中国的长安、广州和其他一些沿海城镇。他们渐渐不回国，而和中国的女子婚配，他们的后裔由于还一直保持着浓厚的异域民族风情和特征而被称呼为"蕃客"，他们聚族而居形成"蕃坊"。这样的称呼一直延续到宋元时期，宋时海上贸易十分的活跃，大量的阿拉伯国家的商人来华经商并定居在沿海城市，发展很快。"蕃客"的出现对于回族形成是产生一定的影响，但是对回族的形成产生直接影响的是在元时大批的西域和中亚穆斯林进入中国。元帝国征服了中亚和西域的许多国家，而这些国家大部分都信仰伊斯兰教，元帝国将他征服的地方的人民带到其他地方进行新的征服，其中被役使到中国各个地区的中亚和西域的穆斯林军士、工匠，在征服了这些地方后他们没有回到自己的家乡，而是驻扎在各个军事地点。这样的原因使得他们迎娶中国女子，接受中国文化，依旧保留伊斯兰教信仰，在生活风俗同其他民族相互区别。渐渐地有着共同的风俗和信仰的穆斯林形成了一个稳定的群体，即为一群说汉语、习汉文、着汉装、信仰伊斯兰教为特征的民族团体，他们自称"回回"。

　　元时已经出现"回回遍天下"的局面，而明时这一局面更加发展。由于长期以来封建王朝始终没有给

第二章 陕西后人:"藏回"族群的历史记忆

予"回回"户籍,不承认他们是"编户其民",当时朱元璋为能够较好地统治人口众多的"回回"而下令凡是回回必须同汉民通婚,违令者处以刑罚。据《明会典》卷22户部7载:洪武五年,令蒙古色目人氏,既居中国,许与中国人家结婚姻,不许与本类自相嫁娶,违者男女两家抄没,入官为奴婢。其色目钦察自相婚姻,不在此限。[①]宗教作为较为牢固的心理素质在回族的形成过程中起到极为重要的作用,加之明政府的强令同化的政策使得汉语汉文化成为回族群体共同的一个认同要素。

伴随清代回族政治地位的巨变,清王朝对其他民族实行野蛮的民族统治政策,回族是受到迫害的民族之一。面对清王朝内外出卖主权和民族尊严,对内则实现极为森严的反动统治,各个民族奋起反抗。回族是在全国举起反清大旗影响较大的民族之一,回民起义的次数很多,主要有清初的米喇印、丁国栋起义,乾隆年间的马化龙起义,同治年间陕甘回民起义,杜文秀回民起义和光绪年间河湟地区回民起义。[②]这些起义后来都被清王朝一一镇压下去,接下来回族遭到灭绝性的屠杀,一时间回族人口锐减,许多回族地区的回族几乎完全被杀戮殆尽,一部分逃避到偏远的山区存活了下来,有些则被迫改变回族身份隐

---

① 《明会典》卷22户部7载。
② 甘肃省民族研究所编:《伊斯兰教在中国》宁夏人民出版社,1982年9月第1版,第400-402页。

藏下来。

云南回族分布于全省的16市（州），主要居住于地势平坦、土壤肥沃、水源丰足，经济较为富足的城市和乡镇，长期同汉族进行密切的日常社会生活交往，其经济、文化、生活与全国的回族一致。然而，在云南的少数民族边疆地区，由于回族人口的不断发展和全国回族频繁的流动，大规模的跨地区的民族迁徙。加之，清咸丰、同治年间全国掀起的回民起义失败后回族大量外迁，这些回族远离市井繁华的城镇远赴边疆。一时间在中国的边疆民族地区，回族得以生存下来，形成边疆多民族地区回族的广泛分布。生存在多民族地区的回族积极适应当地其他民族的文化和生活。渐渐地，他们的文化上显现了与其他民族文化外貌的整合，所以他们的称谓也随之发生变化，出现了"蒙古回回""白回""藏回""彝回""傣回"等新的回族分支或称为回族的族群和"边缘性回族"。[①]

清咸丰、同治年间的云南杜文秀回民起义，坚持了十多年斗争，最终失败。起义失败后回族遭到了惨绝人寰的民族镇压，在这之前据资料证实回族人口已经发展到80余万人，是云南回族最为鼎盛的时期。经历起义镇压后，回族人口跌至历史最低，其对回族的

[①] 台湾张中复教授将因为通婚或历史等因素产生回族认同的民族边缘化现象的群体称为"边缘性回族"。张中复《回族现象的"点"与"面"》，《回族研究》，2003年第2期，第61页。

影响是十分严重的。一个世纪后的今天云南回族人口仍没有得到完全恢复。① 与全国一样，云南回族的历史发展进入一个新的时期，回族政治、经济和文化的发展整体上是发展极为缓慢的。从客观上说，这样的历史背景造成回族的社会文化状况出现了两个新的特点，并产生了深远的人口与文化影响，一方面是回族分布格局进一步发生拓展，逃难和被清王朝强制迁徙的起义回族大众由原先比较集中的中原城镇中心向四周扩散，打破了回族长期以来的围绕政治、经济、文化集中的汉族地区居住的格局，由汉族核心地带向着民族边疆地区扩散，客观上使得那些新迁徙地区得到开发，同时回族获得了一次喘息，保存了力量。另一方面，远离回族发源地带土壤的回族移民随岁月的冲刷，渐渐淡化了回族传统的民族特性，而是积极地适应当地的民族文化生活。将不同民族的优秀文化为我所用，从而有了众多回族分支的出现。回族族群的出现不仅壮大了回族人口数量，还进一步丰富了回族文化的内涵。

二、"藏回"族群的地理分布

回顾历史，清代回民起义失败后回族被迫四处逃

---

① 此数据参考于纳麒《传统与现代的整合——云南回族历史·文化·发展论纲》前言部分，云南大学出版社 2001 年。

难，从而形成新的聚居地，这一政治影响是"藏回"形成的重要社会条件。云南"藏回"形成的历史背景主要是清中期回民起义的失败，与清王朝对全国回族的镇压以及强制迁徙有着直接关系。可以说，回民起义失败后，回族被迫南下移居成为云南藏区回族的一个来源起点，还包括陕西白彦虎回民起义军、云南内地大理等地回族马帮经商者、开矿工人等。

"藏回"族群是多民族地区特殊时代背景下多民族互动的产物，其人口地理分布显现出族际互动的特点。在云南迪庆州的三个县内均有回族分布，据迪庆州志记载，州内各县都有回族村落分布，全州回族人口有1246人（1990年），占全州总人口的0.39%。[①] 在香格里拉市的中心镇和三坝乡，德钦县升平镇，维西县的保和镇和白济汛乡等地都有回族分布，其中香格里拉市的三坝乡回族是最为集中。[②] 由于文化生活比较接近藏族即说藏语、穿藏服、住藏式房屋、饲养牦牛、和藏族通婚、喜食酥油茶和奶制品和爱好藏族歌舞等，表现着其生活文化上明显受到藏族文化影响的特点，形成了具有回族和藏族两种文化特征并存的"藏回"族群。

香格里拉市"藏回"主要是清代进入云南藏区的

[①] 刘群主编：《迪庆藏族自治州州志》，云南民族出版社，2003年，第221页。

[②] 刘群主编：《迪庆藏族自治州州志》，云南民族出版社，2003年，第1228–1229页。

回族，他们是由于经商、开矿和战争等进入云南藏区。据中甸县志记载，[①] 清雍正年间，派绿营兵驻守中甸，驻军中一部分回族官兵落籍于中甸。同期，一部分回族商人由大理进入中甸开矿、经商；今三坝乡安南、龙王边、兰家村回族多数即为当时进入中甸回族之后裔。乾隆年间，又有一部分山西、陕西籍（陕西籍为多数）回族进入中甸开采银矿，分别居住于格咱、宝兴厂、县城，在中甸县城北门街形成一条回民街。清同治年间，回民义军首领大司卫姚得胜率义军进入中甸，中甸藏族土司头人曾往江边迎接，清军张润尾追而至，回民义军撤走，张润为报复中甸土司对义军的支持，纵兵焚掠，将北门回民街烧毁。部分回民避居乡下，渐渐融合于藏族中。

1939年，中甸有回族52户，303人；1951年，中央访问团第二分团调查，中甸回族有45户，230人。1990年底，中甸县有回族902人，占全县总人口的0.74%，居中甸各族人口第八位。[②] 回族主要居住于三坝乡安南村水磨房，哈巴村龙湾边、兰家村，保留着小聚居形式，有709人。其次为县城居民和州县机关职工、居民有110人，中甸林业局53人，各乡分散有30人。乾隆年间进入格咱厂、宝兴厂的回族已融合于藏族中。大中甸吾吕、旺池卡马姓，除老年人报回族

---

① 中甸县于2001年更名为香格里拉县，2014年变更为香格里拉市。
② 段志诚主编：《中甸县志》，云南民族出版社，1997年8月，第213页。

外，年轻一代与藏族通婚，生活习俗与藏族完全相同，民族身份已变更为藏族。[①] 清代中甸县城的中心镇有回族聚居，在县城中"北门街"是回民群众经商贸易和居住的集中地，由此被其他民族称为"回子街"。今天在县城中心镇古城里仍有"北门街"存在，但是已经没有回族聚居了。由于香格里拉市的中心镇和三坝乡是回族较为集中的地区，所以选择了三个比较具有代表性的回族村作为研究点，从而描述三村"藏回"的文化特征和生活现状。

（一）旺池卡村

旺池卡村远眺

---

① 段志诚主编：《中甸县志》，云南民族出版社，1997年8月，第213－214页。

据中甸县志记载在其县城的中心镇有回族聚居，在城中有"北门街"是回民群众经商贸易和居住的集中地，由此被其他民族称为"回子街"。今天在中心镇古城里仍有"北门街"存在，但是却没有回族聚居了。实际上中心镇有回族后裔，祖辈为回族，后人变更了信仰和民族，但对祖辈的信仰和民族是较为清晰的，都认为是回族，信仰伊斯兰教。

2010年10月10日，在香格里拉市中心镇古城区，我们走访了祖辈是回族的马仕民家。马仕民，男，藏族，藏名农农，当时62岁，过去在中心镇企业办上班，目前在旅游购物协会上班。其妻子孙洛卓玛，藏族，小中甸人。马仕民有五个兄弟姐妹，四个住在中

香格里拉市中心镇古城区

心镇，姐姐嫁到德钦县。大哥马仕军，弟弟马仕华，妹妹马仕英，其丈夫是藏族。

马仕民老人有一个儿子，一个女儿，儿子叫马超，藏名罗桑丹真，还没有结婚；女儿马林，藏名扎西卓玛，已婚，丈夫是藏族，育有一子，叫强巴丹真，六岁半，上小学一年级。对于马仕民而言，其祖辈的记忆是这样描述的：

> 我父亲叫马国祥，去世已经28年了。爷爷、父亲、我三代住在中甸县城，爷爷没有见过，爷爷是从德钦县过来的。旧社会土司打仗，德钦呆不住就跑掉了，来到了中甸县城定居。爷爷、奶奶、爸爸都是回族，妈妈是藏族。1958年，我刚好10岁，那时搞集体化，有集体食堂，中心镇的老百姓都要到集体食堂吃饭，我们年纪小，跟起他们乱吃。父母不去食堂吃饭，就称一些粮食回来吃，妈妈跟着爸爸不吃猪肉。1958年以前，我们都不吃猪肉，我们都是回族。"大跃进"之后，爸爸妈妈都不吃猪肉，我就搞不成了，哥哥姐姐也都改了。

> 中甸县城的回族有马、杨、海三姓，我们小时候30多户，包括县城附近的旺池卡村和吾吕村的回族。现中心镇只有两家祖辈是回族，一家是马长寿，一家是我家，现在两家分成4家了，后代都成了藏族。旺池卡村有10多家，吾吕村有10多家，总共30多家人。马长寿去世5年了，他的

子女没有回族了,都是藏族。马成龙是旺池卡村的,是马奶奶的丈夫,是回族阿訇,已去世了。现在吾吕村的回族都已经变成藏族了,旺池卡村只有马奶奶还保留着回族的传统。

我家祖上是从陕西来的,那个时候充军来了八弟兄。开始来的时候旺池卡村有两弟兄,一个在德钦县城,就是我父亲的那一代,其他五弟兄在中甸城附近。我家祖上不姓海,姓海的是吾吕村和德钦县的回族,还有姓杨的。我的父亲是阿訇,从大理喜洲私人回族学校学习以后,回来做了阿訇,回族学校一般是比较富裕的家庭才能供得起。我父亲每个星期要做礼拜,礼拜的时候,早早地起床要洗澡,身上身下都要洗。那个时候没有卫生间,就用铜壶烧水浇在身上。我小时候有个礼拜寺,烧掉了,现在古城里面四房街有一个叫梅里花园,过去就是回族的礼拜寺。父亲在家里做礼拜。那时把斋,回族会来请父亲去家里念经,主要是中心镇、旺池卡和吾吕村的回族来请父亲去家里念经,一般念经是三天。

我们小时候吃油香,主要在人死后、开斋节的时候吃。开斋节的时候斋祭要炸油香,油香要由阿訇先在上面划两刀。我们小时候只吃阿訇划过的油香和宰的牛。以前我们小时候,在我父亲下刀之前都不吃。以前是自己家做油香,1958年,那个时候生活太困难了,家里就不做油香了。杀鸡、牛羊等牲畜都要由阿訇下刀，父亲在世的时候这种风俗还在。

我父亲去世的时候是马成龙帮忙料理的（马成龙是阿訇），请阿訇念经三天以后才下葬。我们这里的回族有一个专门的棺木在旺池卡村，棺木要葬100个以后才换，但是现在还没有换。回族下葬的时候是简单的，不像汉族一样。棺木是红松木的，有的是用香木，墓地挖1米多深，四边都有木头。墓坑中放麝香，尸体全部用白布裹起来，白布有两块，一块是大窝单，一块是小窝单，胸上一白布，上面写回文（阿拉伯语经文，笔者注）。尸体面部朝西，上面盖红松木板，下面是土，有一个土包枕头。墓穴要提前一天挖好，下葬的时候才去。以前专门的礼拜寺存放保管棺木，后面礼拜寺没有了，哪家死人了就先由哪家保管，然后第二家死人了就去他家拿，又由第二家来保管。中甸的回族下葬方式不用在坑壁上凿一个坑，而是直直的下葬。回族的礼节多得很，甘肃、大理的回族不能烧火也不能烧香。像我们跟藏族通婚以后，藏族的风俗也带进去了，坟上要烧檀香，其他的回族不能有火。家里面只点卫生香或是藏香，我们家一直烧卫生香和檀香，不能烧汉族的红香。家里面就烧卫生香，上坟就烧檀香。我们一般用回族的巴兰香，我虽然改口了，但是还要纪念我的父亲，尊重我们的前辈。每年正月初三，我们全家去回族墓地烧香上坟。每年的开斋节要请一个阿訇到坟上去念经，一般念半个小时，一次50~60块钱的念经钱。其他的回族多数不去上坟，因为他们一般都在农村，有一些回族正月初三的时候有时候会去回族墓地祭拜。

目前，中甸县的回族已经不多了，但是外地的多，有甘肃的、大理的、巍山的，都在这里做生意。我们每年开斋的时候，要请他们的阿訇来念经。我本来对回族的开斋不晓得，我家姐姐打电话来，她们那里有礼拜，开斋节了要请阿訇来念经。现在我们开斋节已经不把斋了，因为不是回族了。现在我们早上洗漱完，在吃早饭之前上香。藏族有班禅，既要上水又上香。我家上香有两种方式，我是回族的后代，妻子是藏族，所以我经常点上卫生香和巴兰香，她上藏族的净水，既尊重回族又尊重藏族的传统。

从马大叔的讲述中我们了解到香格里拉中心镇"藏回"族群的文化是怎么样变迁的。他们从"藏回"转变成藏族主要是20世纪中期受政治因素的影响较大，因为当时在集体食堂吃饭，不得不改口。目前他们及其下一代，虽然已经认同了藏族，但在他们心中仍然还有对回族祖先的怀念和敬意。

在中心镇周围历史上分布大小不等的回族村落，其中旺池卡村是回族人口居住比较密集的村子之一。旺池卡村距离县城大约有4公里，其村落靠近县城沿途公路，其地势平缓，属于大中甸草甸，地理气候比较优越，十分利于畜牧。今天我们走访发现旺池卡村居民的经济发展很快，全村大约有四五十家人几乎全村都于近年修筑起了藏式新居，大多都盖上了十分富丽堂皇的藏族土掌房。在房屋的装修上既表现着浓郁的藏族风格，人畜共住的干栏式建筑，藏传佛教经堂，水缸火塘等是很普遍的；同时引进现代家居装潢，灯具、地板、瓷砖应有尽有，房屋室内配备了电视机、电话、液化灶、现代家具等。从村民得知此村经济来源有多种渠道，村民家有耕地，种植粮食；还饲养牦牛、犏牛、马匹等；同时因为交通极为便利的原因，村民大多家庭买车办起运输行业，所以村里人家的生活是一天比一天好。

马奶奶

第二章 陕西后人:"藏回"族群的历史记忆

我们在三坝得知许多三坝的回民都说旺池卡村曾经是一个回族比较聚集的村子,但是现在却已经完全成为藏族村。在三坝村民兰卫军和杨仕珍两位(在今香格里拉市县城工作)村民的陪同下我们走访了旺池卡村,他们介绍在旺池卡村至今还有一位八十多岁的马老奶奶一直保持着回族的饮食习惯,还信仰伊斯兰教,每周星期五这一天老奶奶都会到城中心的礼拜堂去做"主麻"(聚礼)。在拜访了老奶奶家后我们证实了旺池卡村现今已是完完全全的藏族村子,村子无论是从外观,还是从村民都完全是藏族风格。老奶奶本人也是藏族风格的,她穿着打扮上和藏族老年妇女的装扮是一样的,即穿里外三件套的藏装(长衣长裙和坎肩),头发梳理成两辫用红布盘系于头顶,还在外戴上护寒的帽子。令我们不解的是老奶奶手里时时拿一串珠子,不知是否与藏族妇女一样是用于诵经之用,还是回族宗教的信物,因为在藏族和回族的宗教信仰里都有珠子用做诵经的器物。老奶奶八十多岁受藏族影响极深,她只会说藏语,仅听懂藏语;老奶奶介绍她的老伴是阿訇(伊斯兰教宗教人员),已经去世多年了;家姓马,儿女都成已经成家,听她说老伴在世时家里就没有符合回族的习惯(这里指不食猪肉),儿女已经不计较饮食上的禁忌了,那时两个老人独自保持回族饮食禁忌,而现在老奶奶一个人独自坚持饮食禁忌,不和儿女同吃。当我们询问到关于旺池卡村历史时,老人家很敏感地介绍村子曾经是回族聚居地,她说以前村子有好多人家是回族。我们认为这是真实的，因为有证据可以证明，即在村中有些人家老房屋上能够看到没有插藏传佛教的经旗子，这些人家原先就是回族。事实果真是这样的，我们看到在藏区的所有藏族房屋，无论什么式样或新旧均要插上旗子，这源于藏族信仰藏传佛教，插经旗是预祝祈求平安的用途，而旺池卡村中零星的一些人家真是没有插经旗，这可以断定老奶奶说的是事实。同老奶奶家的变迁一样，在没有插旗子的人家现今也完全成为藏族，他们和藏族之间没有了文化的边界，也没有了心理上的界线，在民族身份的确认上他们已经认同为藏族，这样的变迁据老奶奶说已经好多年了，在他儿女这一代上这样的变化就已经完成了，在他们记忆中能够知道自己的祖先是回族的人已经越来越少了。

另据2010年10月8日对七林都吉家的调查，可以还原旺池卡村"藏回"的往昔与历史变迁。七林都吉，汉名马建国，藏族，49岁，其祖先是回族。他的妻子已去世多年，目前他和儿子、儿媳、孙子一起生活。马建国对家族变迁的描述是这样的：

> 我们家是最长的时间住在这里的，原来这里有10家回族，70多人。我也不知道具体是哪一年住在这里的，不知道在村子住了多少年。我爷爷的爷爷就已经住在这里了，到我这一代有四五代了。祖上姓海，听说是从陕西过来的，我也没问过从哪里来的，爸爸也不知道，爷爷知道，但是

第二章 陕西后人:"藏回"族群的历史记忆

去世得早。我爷爷的爷爷已经几代了,到我这一代有四五代了。我爷爷的爸爸是回族,我爷爷的妈妈是藏族,到我爷爷的时候已变成藏族,自我爷爷之后全部都是藏族了。我叫马建国,藏名叫七林都吉,身份证上是藏名。我的藏名是三四岁的时候起的,马建国是上学的时候取的。大儿子已有33岁,藏名叫七林批初,没有汉名,没有上过学,身份证上是藏名。小儿子叫马永华,30岁,昆明理工大学毕业,在电力公司上班,藏名叫米拉旺堆,身份证上是马永华,因为要读书所以取了汉名,身份证上也是汉名。我和儿子名字都是松赞林寺的活佛取的,我们藏族的名字都是活佛取的。两个儿子都会讲藏语,不会讲回语,信仰藏传佛教。

家里人均有三亩地,现在除了种一部分地以外,其他的地都已经租出去,一亩地每一年租是400钱。每年家里要买青稞回来,喂牛、喂猪和人吃。家里不种青稞了,只种油菜和洋芋,青稞产量低,经济效益低。青稞的价格得看天气,天气不好收成就不好,价格经常不一样。油菜比较好一点,一亩收入七八百块钱,洋芋产量低,一亩最多有600元钱。家里还养牦牛,卖酥油,一年最多卖10多饼酥油,一饼可卖100元钱,酥油收入1年1 000多元。家里种的洋芋不卖,价格太低,洋芋主要用于喂猪。一年要买2 000多元的青

  稞，喂牛和自己吃。现喂了四头猪，有时也买苞谷来喂，一年杀两三头，牛不杀。

  现在村里还有十多家马姓，他们祖上也是回族，但现在已经是藏族。村里回族只有两户。一家是马奶奶家，她与儿子是回族，媳妇是藏族，他们住在一起；另一家是马批初，家里的其他人是藏族，只有他一个人是回族。全村总共只有三个回族。我们身份证上是藏族，认同的是藏族，信仰藏传佛教。

另据村民批初介绍旺池卡村的变迁历史，再次验证了旺池卡村曾经是"藏回"重要的分布地。批初老人65岁，汉名马富华，藏名批初。老人向我们讲述：

  我们家住在这里到我这代已经有9代了，到孙子有11代了。听说祖先是从山西来的，与马建国家一起逃难到这里来的，我家祖上姓海，是中医世家，马建国家是杀牛杀羊的。我家从海姓改成姓马有五代了，从爷爷开始姓马。爷爷与爷爷的爸爸姓马（祖父与曾祖父姓马），（爷爷的爸爸）嫁到我家来的。我家原来姓海，那时候儿子就是倒插门，当不起家，就从中兴镇跑上门一个姑爷，姓马，是回族，然后我们家就开始姓马。我家从陕西过来的时候是中药医生，过去都姓海，古代祖上与马奶奶家是一个家族。我阿老的一代是三家，父亲的一代也是三家。现在村里有六家，有一家改成姓杨，改成藏族了。我们姓马的多，祖上都是姓海，是回族，现在好多改成藏族了。我们村还有两家，马奶奶和她儿子，我是回族，儿子和媳妇是藏族，媳妇是拉帕海的藏族。我家阿奶也是拉帕海的藏族。四代是藏族了。我母亲是本地的藏族，我媳妇是藏族，我们地方是一个藏回结合的地方。老祖上有十户人家回族，后来又分出了两家，一家是我叔叔家，一家是我二姨妈家，回族的有5家。我阿老一代有三家，七林爷爷家，是我家亲戚，阿老一代有人上了他家门，过去不是一个姓，是姻亲，姓马的是亲戚。杨家有一家，不是我家亲戚，祖代也是回族，听说也是从山西下来。他家（杨家）老人没有传下来，我家就传下来了。家里没有族谱，但是我记得，家里事情全是我清楚。去年我姨妈去世的时候都是我管的。爸爸妈妈爷爷都是回族，我是第九代，也是回族。五代以前姓海，五代以后改成姓马。七代、八代、九代没有什么传说下来的，记不得了。

（二）安南村

三坝纳西族乡是香格里拉市回族人口最为集中的地区，1990年全乡共有回族709人，[①] 三坝乡下有18

[①] 刘群主编：《迪庆藏族自治州州志》，云南民族出版社，2003年，第1228-1229页。

雪域心灵的回归

安南村

村，其中安南村和哈巴村则是回族较为聚居的村落。安南村距离县城大约 79 公里，在沿东环线公路的东南和西北两侧安南分别有水磨房和上村两个村有着回族分布。安南地势大部分是山区地形，但水利资源和林矿资源十分丰富，这里有多条雪山融流山泉穿越村庄，村落四周山坡平缓地带可以种植青稞、小麦、玉米和洋芋等，同时可以放牧牦牛、犏牛以及绵羊和马匹。这里海拔比县城低而高于哈巴，气温也是低于哈巴而高于县城。经济发展迟缓，新中国成立前至今村子的经济模式一直是半农半牧，而没有经营其他经济方式。安南两回族村的经济也是处于解决了温饱水平，离小康生活还很遥远，长期以来他们的生活主要是自给自足,粮食基本能够维持一年,外购一部分大米和蔬菜;近年来国家实行"退耕还林"政策,村民能够得到少量的粮食补偿和钱补偿,但是比较以前,却是生活更加贫困。历史上曾经金矿业兴盛一时,而今却早已看不到了。

安南的两个回族村上村和水磨房所在的地理环境和整个安南相同,经济情况也是一样,两村分布在公路的两侧,其中水磨房村是沿公路分布居住的,地势较上村要低,有一小块坝子;上村地势则要高于水磨房大约200~300米,位于半山腰,有坡度小的坝子。水磨房和上村都是藏族占多数的村子,截至2015年调查统计,水磨房村有35户藏族,有15户是回族;上村有45户藏族,仅有2户回族。从户数比例上回族与藏族的比例是1:4.7,回族夹杂居住在藏族中间,从房屋外观上没有任何的区别,几乎没有两家回族房屋是连在一起的,都十分的分散,这样与其他的回族村是不同的,没有形成小范围内的回族聚居。正是因为这样,安南村回族受到藏族的逐渐同化,风俗上和藏族十分接近。水磨房村马罗兴(曾任三坝中心完小校长)讲到安南回族建村历史已有一百余年,历史上回族人数一直比藏族少,但是在以前回族要比现在多得多,由于回族的日常生活与藏族十分密切,所以回族渐渐地被同化为藏族,回族越来越少了。马老师还介绍到现在村中的回族和藏族几乎没有什么太多的区别,回族中80%的人能够很流利地和藏族对话,日常他们自己也是习惯讲藏语，每家回族都有许多的亲戚是藏族，在平常的生活中回族和藏族相互帮助往来，交往密切，关系融洽。

（三）哈巴村

哈巴兰家村

哈巴村位于东环线西北方向，距离县城大约有133公里，距离安南约60公里，距著名的虎跳峡旅游风景区大约70公里，境内的哈巴雪山现今成为国内外众多攀登越野旅游爱好者的理想之地。此村主要是河谷地带，物产丰富，农、林、牧多项经济生产发达，经济水平远比安南要好。哈巴回族主要集中于龙湾边和兰家村两个回族村，截至2015年，龙湾边村有回族83

户约410人，2户汉族，1户藏族；兰家村均为回族，共有35户约180人，回族人口占95%以上。与两村临近的村有古鲁坝（纳西族）、阴山（汉族）、阳山（汉族）和一个彝族村，没有临近藏族村。

哈巴龙湾边和兰家两村所处的海拔为2 700～2 900米，两村之间相距约3公里，兰村所处的海拔要高，其地势都是半山区，也是以经营农牧经济为主体，兼有旅游、运输、土杂贸易和土特产贩卖等多项作为辅助。龙汪村要接近公路而于近年来多有村民外出打工和经商，生活较宽裕；兰家村由于离公里较远，交通不便（近年来政府修通乡村公路直通村中），所以大部分村民还是经营传统的行业，只是有一两家人从事运输和旅游业，生活相对要贫困，仅解决温饱。从村民那里了解，两个回族村的建村历史大约在1921年前后，一部分回族由安南搬迁到哈巴。由于先辈早已和藏族有着密切的关系，所以两村回族也表现出藏族的生活文化特征。但是同今天的安南相比，哈巴"藏回"的藏文化影响并没有安南那样明显，并显现出日趋淡化的特点。汉语是哈巴"藏回"族群内部和对外交流的主要用语，村中一部分中老年人还懂藏语。在服饰特征上，哈巴"藏回"的藏文化特征也并不明显，仅有老年妇女才穿藏服，而安南的年轻妇女都穿藏服；婚姻亲戚藏族不是主要的，还有纳西族和汉族，但主要的婚姻对象还是两个村的回族以及安南回族。

雪域心灵的回归

哈巴"藏回"为登山爱好者提供补给和向导

哈巴"藏回"人家开设的旅游客栈

第三节 "藏回"族群的迁移

就像回族形成的历史所呈现给我们的路径一样，"藏回"族群的形成也并非仅表现于历史的某个特定时期。历经几代人不断自觉适应，最终形成了独具特色的藏、回二元族群文化。"藏回"族群的先辈大多为晚清回民起义失败后，逃难或被迫迁移来到藏区，这里远离城市，交通闭塞，回族人口极少。在回族的人口及文化处于相对弱势的特殊历史背景下，面对强势和显性的藏族文化的现实环境，整个回族群体的文化发生藏化变迁是被动的。"藏回"族群的历史中发生了多件匪乱屠杀事件，群体被迫逃离，在逃亡路途中不断形成定居点。迁移是"藏回"族群文化发生变化的客观条件，不断的迁移，改变了族群原有的文化演化时空背景。在新定居

第二章 陕西后人:"藏回"族群的历史记忆

点的时空场景中,"藏回"族群面对的族际交往格局发生了变化,不单向与藏族进行交往,还与汉、彝、纳西等新的族群交往。在谋求生存的实践中,"藏回"族群进行着与多元文化之间的竞争与共享,最终使得这些离散的"藏回"族群发生着不同的族际交往和文化变迁。因此,如若要探索"藏回"族群的演化历史,首先要对其迁移的历史记忆予以追溯。

一、来自陕甘

清同治年间陕甘地区的回民起义的失败,接下来清王朝对该地区回族灭绝性的屠杀,其中由白彦虎领导的起义队伍进行了西向和南下两个路线的转战撤离。由白彦虎亲自领导的主力部队主要向新疆和中亚撤离,他们在新疆人烟荒芜的地方远逃,一路人马折损,约有千余人越过国界到达了沙皇俄国,在今天的哈萨克斯坦、乌兹别克斯坦境内的草地上耕种定居下来,一直保留了当时回族的社会文化风俗而被称为"东干人"。其他的起义军余部则选择了南下的路线,其中一部分穿过四川,横渡金沙江到达云南迪庆和西藏。据《迪庆藏族自治州志》记载,德钦的升平镇于这时有回族居住,镇上还存有清真寺一座;维西县的保和镇也有回族到来;还有香格里拉市有回族分布。[1] 关于云南

---

[1] 刘群主编:《迪庆藏族自治州州志》,云南民族出版社,2003年第1228-1229页。

"藏回"的来源，有的学者认为有部分是在清时来开矿和经商的回族，还有来自云南杜文秀起义的逃难者。[①]

"藏回"在藏区的迁徙历史很漫长，其分支也很繁杂。迪庆地区"藏回"有着一定的族源渊源，在族群迁移路线上发生着联系。以回族人口最为集中的香格里拉市为例，整个"藏回"族群的迁徙历史再现了迪庆地区回族迁移的历史事实。早期迁徙而来的回族在迪庆各县的城镇定居下来，香格里拉市的回族最早定居于古城中心镇附件，曾经在四村办过银厂。没多久迁徙的回族就得到较快的发展，当时"北门街"是回族聚居的街道，其手工业发达，商铺林立，商业发展状况十分繁荣。城镇的四周还零星地分布着回族村，今天建塘镇的吾吕村和旺池卡村是当时回族人口较多的村。当时的回族在进入藏区后自觉调适，很快适应了藏族生活。当时逃难而来的回族主要为男性，女子很少。这样的回族人口性别现实，使得回族男子大多与藏族女子通婚，其族际通婚的结果是使得回族子女受到母族藏文化的影响较深。在此历史背景下，回族移民中进行回藏通婚的第一代子女便能够适应藏区文化生活的环境。即成长于藏、回两种文化背景之下的回族子女，兼通汉语和藏语，服饰借用藏族服饰，生活习俗完成藏化转换。与此同时，这些回族子女的饮

[①] 马维良：《云南回族历史与文化研究》，云南大学出版社，2000年第170页。

食起居，文化生活也受父辈影响，他们恪守饮食禁忌，学习伊斯兰教知识，进行穆斯林宗教文化实践。至此，兼有回族与藏族两种文化特征为一体的"藏回"族群逐渐形成。从千里之外的西北陕甘地区迁到了云南，这是第一次的民族迁徙经历，孕育诞生了"藏回"族群。

二、逃往安南

迁居到中心镇的回族，大约经历了一两代人，回族逐渐适应了藏区的环境和生活。回族传统上善于经商理财，在藏族地区亦能够灵活地进行经济活动，很容易获得比其他周围民族更多的财富。此时期，回族经济获得较快发展，社会稳定。在边疆地区，疾病、匪乱、战乱往往成为社会动荡的主要诱因。俗语说"民不患寡而患不均"，说明当族际之间的财富占有出现较大不平衡时，容易引发各种社会矛盾和族际冲突。伴随回族整体财富的迅速积累，进而引起藏族土匪的垂涎，最终导致东旺（香格里拉）和乡城（四川甘孜州）的藏族土匪伙同起来，一同对中心镇周围一带的回民村寨、商铺进行抢劫，并烧毁房屋和屠杀回民。中心镇的回族一时间四散逃难，一部分逃到了安南。据今天安南回族老人介绍，在祖先逃难路途中，有一个传说解释了祖先选择安南作为新的定居点的原因。故事是这样的：

在从中心镇逃难到安南的路途中，一回民打到一只鹰，发现鹰体内有大量的金子，由此推断安南定有金矿。寻觅之后，果真在安南发现了金矿。逃难的回民就在安南定居下来，从事起开矿行业，这时期还从其他地方（大理、四川）迁来一些新的回族。由于回族祖辈都善于采矿冶炼，所以20余年的经营，使得安南金矿开采十分繁荣，回族很快富裕起来。因为当时安南的金矿行业十分红火，官府还专门设置有管理税务的官员，历史上回族一直担任此职。回族在安南的安定生活又因财富不均被打破，回族财富的日益富足又再次引起了其他民族的嫉妒。大约1921年，东旺藏族土匪又再次纠集土匪马队对安南回族金矿进行抢劫。矿业被废弃，房屋被捣毁，人口四散，一时间安南变得荒无人烟，极为萧条。四散的回族不分男女老幼，不分昼夜地逃往其他地方保命。几年后当安南风声平静，社会安定之时，才有一部分回族重新搬回来居住。

这便是"藏回"族群的第二次民族大出逃，是又一次的迁徙。苦难的命运还没有终止，出逃的步伐还要继续。"藏回"经历再一次灾难，似乎在预言他们还没有寻到自己的家园。从中心镇迁往安南，路程仅为70余里，但是这次迁徙对"藏回"所产生的影响却是不小的。苦难的历史记忆对"藏回"族群产生了两个方面的意识影响：一方面，苦难遭遇迫使"藏回"族群进入更为偏僻之地生活，主动调整文化和生活模式，以此增加族群的生存能力，使得文化变迁迎来新的历史机遇。另一方面，"藏回"族群内部将民族遭遇原因归结于财富收敛，引起妒嫉。据村中老人介绍，自从安南劫杀事件后，祖辈们就达成共识，让子孙后人不再经商。因为他们惧怕经商富裕后再被劫掠，经济方式上转而种地养牛，只求安逸温饱便好。

"藏回"族群对回族的认同不是血缘联系，宗教文化特征的认同也并不明显，只有历史记忆才是主要的。正是有着这样的一段集体记忆，构建出族群自己的历史。由于再一次遭到其他民族的劫杀，这一记忆在"藏回"族群内心中形成与其他民族之间最为明显的历史边界。姑且不论这一历史记忆对于"藏回"经济生活的影响如何，但可以看出族群历史中有着沉重的这一片段，其族群的文化心理界线进一步得以明晰。苦难记忆使得"藏回"族群内部认同加强，苦难历史的记忆成为民族自识和感情的牢固纽带，并成为族群族源历史与自我认同的一个共有"资源"。

三、定居哈巴

自安南发生匪乱开始，"藏回"便开始新的迁徙，安南回族四散到各地，其中一部分继往南逃到了哈巴。关于这段历史我们在哈巴村调查时得到一份村民的口述资料，记录如下：

1920年东旺藏匪杀了杨课爷（当时的税官，回族），鹤庆商人李燕品也被杀害。田春和是大理商人，与李燕品是同行朋友，得知其在安南被杀，于是不分青红皂白地声称"安南是土匪窝子"，并以此为由纠集东坝（属于三坝）民众冲赴安南，把所余无几的民房和掘金人杀了，工棚全部捣毁，财产洗劫，扬言要杀绝安南人。自此，回族不分昼夜，扶老携幼离开安南，逃奔四方。

　　1921年杨课爷家族的7户人家逃到哈巴龙湾边，观察之后认为此地可以定居。大家决定在这里定居建村的条件有：其一，这里便于防守，到处是乱石窝，也便于流动躲避；其二，三方是原始森林，便于躲避；其三，到处是荒坡，便于开荒生产，从事生产。几年的定居生产，日子红火，逃离四散的亲友们在相互走访之后，得知这里能安身，陆续搬到这里。兰家搬来3户定居于今天的兰家村，其后姓兰的搬迁户自然就住在兰家村。1930年回族已经有20余户，之后流散远方的人家又陆续搬到这里，1951年前后两村已有40余户。

　　自此，大部分"藏回"就在哈巴逐渐定居，少部分返回安南居住。哈巴曾发生过动乱。哈巴"藏回"大部分人决定外迁，由于动乱很快就结束，所以哈巴"藏回"很快便返回，没有继续外迁。定居哈巴至今，哈巴"藏回"族群一直很安定地生活着，哈巴是香格里拉回族迁徙路线的终点。从现今哈巴的民族分布格局而言，虽然只有汉、回、纳西、彝等几个民族（没有藏族），但是哈巴"藏回"的文化生活依然显现出藏与回的二元文化特质。哈巴"藏回"的生活中缺失了藏族，但是却没有改变早已形成的藏、回民族文化共同建构的族群文化特征。在漫长的历史岁月中，哈巴"藏回"饲养牦牛，喝酥油茶，喜爱藏歌藏舞，依旧传承着二元文化的族群特征。由此可以推断，"藏回"族群的祖先由县城至安南至哈巴的迁移路线是合理的。同时也证明了哈巴"藏回"早期与藏族有着深厚的交往历史，以至于搬迁到新的家园之后，这样的族群文化传统依旧鲜活地被传承着，可见其族群历史中回、藏密切的文化交往是极为深远的。

虽然"藏回"族群有着共同罹难与迁移的集体历史记忆，但是族群文化与社会结果却不完全相同。回族与藏族、汉族、彝等民族之间的族际互动程度存在着差异。尤其是新中国成立以来，在民族平等的政治背景作用下，迪庆回族与藏族的交融更多呈现出的是个人（家庭）之间自然、主动的互动。在这一族际交往过程中，使"藏回"族群的文化内质和社会结构呈现出不同的发展模式，也逐步演变为今天迪庆藏区几种不同类型的"藏回"族群：香格里拉市建塘镇吾吕村和旺池卡村的回族大规模地发生文化变迁，语言、服饰、习俗、宗教等藏化现象，逐渐融合到藏族中，变更了民族身份；香格里拉市三坝纳西族乡的安南村（上村、水磨房村）"藏回"长期与藏族生活，文化习俗几乎完全藏化，有些家庭兼藏传佛教、伊斯兰教并存，对回族习俗残缺传承，"一半一半"的族群文化特征明显，但在丧葬习俗上仍然保留伊斯兰教信仰；哈巴龙湾边村和兰家村"藏回"族群与藏族交往不太密切，与藏族的通婚也多发生在祖辈，在近期旅游发展的过程中，族群群体加深对伊斯兰教—回族文化的认同，实现向回族、伊斯兰教文化的传承。

第三章

生存策略:"藏回"族群的文化适应

族群认同的文化内容及其含义是根据每一个人的理解和态度随着文化、时期、经济和政治环境的变化而变化的,它们从来不是静止固定的。要在这样的认同中寻找"本质"是徒劳的,因为它们总是在变动,往往可以根据需要做出调整,而不变的是他们的社会边界。

——史密斯[1]

---

[1] 菅志翔:《族群归属的自我认同与社会定义——关于保安族的一项专题研究》,民族出版社,2006年,第35页。

从文化与自然环境的关系来看,每一种文化的发展变化都深受自然环境的制约。通常情况下,文化与自然二者的关系是一个不断趋向调适,保持平衡的过程。然而,在同一种自然环境中,这一关系达成平衡的方式是丰富多样的。同一地域内可以杂居着很多个不同的民族,而分别具有不同的文化就是一个明证。[1]根植于云南藏区多民族社会文化的土壤之中,回族在对各种文化的接触中孕育形成了"藏回"这一特殊的族群。在现实生活中"藏回"不曾间断地表现着其独特的多元文化,在时空的变更中不断演绎着新的族群接触与互动,不断发生着文化变迁。一系列的文化变迁结果,显现出"藏回"族群的文化适应特性以及族群关系内容。究其原因,文化适应是出于族群生存的需求,是族群生存策略的具体表现。马建春在探讨"河湟地区"的多族群互动问题时曾说过:族群间文化的交融并不完全是互相接触中自然而然的运动,只有异族文化元素在某些方面表现出可贵的价值时,异文化元素的借鉴才能发生。[2]同理,云南"藏回"的文化变迁,借用了利于自身族群生存发展的文化元素,形成了"一半一半"的文化结构,存在其社会文化适应的内容与机制。

---

[1] 高发元、刘峰:《论文化适应的双重性与调适取向的多样性》,《中央民族大学学报》(哲学社会科学版),2003年第5期,第43页。

[2] 马建春:《多元视阈中的河湟:族群互动、文化认同与地缘关系》,社会科学文献出版社,2013年,第301页。

第三章 生存策略:"藏回"族群的文化适应

"藏回"妇女在打制酥油

第一节 "藏回"族群的生计方式

云南"藏回"受到藏区环境的制约,其生计方式显现出所受藏区地理环境的影响,整体属于青藏高原地貌特征,海拔高,雨量充沛,冬季较长,高山草甸、原始森林、溪流纵横交错。丰富的草场资源决定了"藏回"族群主要从事高原农牧业,同时还兼有其他多种经济生产方式。同时,地理分布现实中呈现地区性差异,加之现代经济的发展程度差异,使得香格里拉境内的几个"藏回"族群村落形成了多样的生计方式与经济发展模式。

香格里拉市建塘镇由于土地广袤、草场众多、现代交通的日渐便利,所以经济生产主要是发达的农牧业,同时村民还经营货运、客运运输行业,部分还到城中经商和做些小买卖,其经济收入的来源较广。藏族人家的房屋为两层干栏式藏屋,二层人居房屋空间面积大、装修精美、家具齐全,从这些都能够看到他们生活状况已明显改善。因为建塘镇以及四周"藏回"在现代化冲击下已经融入到藏族之中,所以在这里我们不过多具体论述这一地区的经济状况,重点对安南和哈巴两村"藏回"族群的经济情况进行详细的论述。

一、安南"藏回"族群的生计方式

三坝乡安南村是青藏高原的西南延伸地带,其地形主要是山区,高山较多,雪山错落于连绵的山脉之间;平均海拔在2700米以上,终年气候多较寒冷,冬季长,每年10月至次年3、4月之间都是冰雪大地,植物枯萎;植被较好,植物种类繁多,云南松、冷杉分布很广,高山草甸零星分布于其中;动物资源也十分丰富,棕熊多;矿产资源主要有金、铁、钨等;水利资源最为丰富,境内有多条雪山融水水流支系横穿经过。高原得天独厚的草场资源为农业和畜牧业提供了先天条件,在平坦地带开展农业,种植青稞、小麦、洋芋和蔓菁等，而在高山草甸上放牧牦牛、犏牛、黄牛、马和绵羊等家畜，这样的经济模式在藏族地区较为普遍，成为最主要的经济模式。安南的经济构成也同于整个藏区经济模式，农牧成为安南藏族和回族以及其他民族的主要经济方式。安南"藏回"没有从事其他行业来增添自己的收入，回族的经商传统没有得到继承，据他们解释这是他们严格遵循抛弃经商传统祖训的结果。

安南雪山夏季牧场

由于回族擅长经商，所以在回族聚居地区回族整体的经济实力往往要高于其他民族。然而，安南"藏回"的经济水平等同于周围的藏族，在经济上藏族和回族两个民族并没有明显的不同之处。"藏回"长期进行农牧为主体的经济生产，三分之一的粮食不能自给。加之，近年来"退耕还林"土地减少，粮食更是不够，安南"藏回"生活水平的发展一直仅解决温饱，经济上没有向其他多渠道发展，他们的经济现有的能力是很脆弱的，发展的潜能也极为有限。现代交通、科技、文化和信息已经延伸到这里，但是村民居住区离现代社区的标准还相差甚远，生活水平等现代特征还不明显。

安南"藏回"一般每家山地人均不足2亩，平均每家养牛有10头左右，羊和马较少。除去放牧，更多的经济收入主要依靠农业。开春时种蔓菁，农历三月种下玉米，农历五月收小麦和青稞，10月收玉米，之后撒下小麦种子。安南海拔高、气候严寒、土地贫瘠，农作物收成要比河谷平坝地区少。夏季4月至10月在高山牧场上放养牲畜，其他月份将牲畜赶回地里和家里进行饲养，用庄稼秸梗、青稞面和蔓菁做饲料。每家饲养牛主要为了挤奶做酥油，所以家里奶牛要多些，每头牛一年可以挤奶制酥油约30饼左右（每饼1公斤）。除去自己家食用，其他酥油出售，大约每年出售酥油30~100不等，收入3 000~10 000元。每家宰1头菜牛晾制成干肉，平时在家附近开辟出小块菜园种上一些能耐寒的蔬菜，基本能够满足平日饮食所需。

第三章 生存策略:"藏回"族群的文化适应

二、哈巴"藏回"族群的生计方式

哈巴村的地形属于半山区,其境内多高山,这里有着巍峨的哈巴雪山,其主峰海拔为5 936米,由于终年积雪,森林覆盖面积约80%以上,是国家保护长江上游原始森林地带,这里盛产松茸、虫草、雪莲、雪茶等高原土特产品。与整个藏区相同,哈巴有着丰富的高原草甸资源,便于发展畜牧业,农牧行业成为这里的主要的经济生产方式。水利资源也很丰富,境内有多条山雪融化水流穿过。另外,哈巴位于哈巴雪山景区核心区域,近年来发展登山旅游服务成为许多村民的经济新来源。

极具藏区风格的"藏回"日常生活器具

哈巴村的经济主要以农业和畜牧业为主,作为传统的农业受藏区地理气候条件影响,极具地区特色。农业方面一般以小麦、青稞、蔓菁和洋芋作为主要的粮食作物。村民从事饲养牦牛、犏牛和黄牛等畜牧业,以此解决日常生活对奶制品需求较大的现实问题。夏季到雪山上采集雪茶、雪莲、虫草、中草药、松茸等土特产,增加家庭收入。近年来,以白豆和花椒等作为辅助的经济作物得到大力发展,并成为增加村民收入的主要途径。农牧业始终是哈巴龙湾边和兰家两村"藏回"经济收入的主要来源,也成为当地村民主要的生计方式,蔬菜、面、牛肉基本能够自给,油、米、面条需要购买。哈巴龙湾边村经济生活水平要高于兰家村,因为其土地要多于兰家村,一部分人从事小商业和运输等副业,而且有部分人家成员是国家单位干部或职工,所以经济收入来源要多于兰家村。另外,龙湾边村的一部分人家买来货车和拖拉机等,从事当地乡村短途的货物运输,这部分人家相对要富裕一些。相比之下,兰家村是比较传统的农牧结合的经济模式,平均每家有土地八九亩,有各种牛10余头,种地和养牛成为村民的经济主要形式,另外,村民还从事些花椒、白豆的种植及松茸等土特产品的贩卖,以此来增补收入。整体上两村的农业收成与安南相比要好些,这主要是由于气候要温暖些的缘故,但是其经济实力也是很低的。处于传统自给自足的经济方式,一般家庭的生活开支很不多。由于收入较少,大部分村民的木楞房屋破旧，难以修葺，平日里的村客事往来和其他大宗的经济开支难以应对，结婚、上学、生病等大额经济开支压力日渐增大。

哈巴"藏回"的经济生产模式与安南是相同的，只是这里还从事着像花椒、白豆等经济作物的种植，同时由于在气候和土壤肥沃程度上要比安南有着优势，所以哈巴的农业相对发达，其农作物的亩产量也高于安南100~200公斤。尽管在经济水平上两村"藏回"存在着些许的差距，但在生活习俗方面却几乎相同。哈巴"藏回"同样喜食酥油茶和奶制品，以面粉为主食，每家一年宰1头菜牛来用于全年肉食上的消费，平时在集市上购买些大米（约200公斤）和菜油、盐等生活品。大部分哈巴人家饲养牛5~20头，家中的牛、酥油和其他奶制品基本能够自给自足，少部分出售，酥油和牛的收入不多，很少有外卖的，蔬菜则外买一部分。

第二节 "藏回"族群的文化结构

一个族群的文化结构包括群体及个体所共享的一系列语言、服饰、建筑、宗教、制度、价值、传统等。按照李亦园先生的划分，一个族群的文化结构是主要由物质文化、精神文化与制度三个层面组成。其中物质文化主要由语言、服饰、建筑、生计等构成，精神文化主要由宗教信仰构成，制度文化主要由法律、习惯、习俗等构成。借鉴此划分依据，从文化传统与宗教信仰两个部分来对云南"藏回"的文化结构展开论述。

近一个世纪里，云南"藏回"族群的文化结构发生了历史性变迁，伴随族群文化的变迁其社会结构也随之进行了相应的调整。我们知道云南"藏回"族群受到藏族和回族两种民族文化的影响，形成了兼有藏和回结合的新文化及其社会结构，在族群文化外貌上出现回中有藏、藏中显回的文化特点。就其文化特征而言"藏回"应该归于藏族或是回族的一个新支系或族群。为揭示云南"藏回"族群的社会文化结构的历史脉络，便于将其形成之初至今一个世纪所发生的文化变迁能够进行清晰梳理，我们在此章节里运用比较的划分方法对"藏回"族群的社会文化结构做出了阶段和类别的划分。为此，筛选了目前云南"藏回"人口最为集中，社会文化也是"藏回"族群中较有代表性的安南村和哈巴村为个案，并对其进行文化比较。长期以来，香格里拉不同"藏回"族群的文化具有相同的文化内容。直到2000年，哈巴"藏回"进行了伊斯兰教传承实践，一时间使得文化特征相同的两个"藏回"村落的社会结构和文化内容朝着不同的方向发展，形成了各异的文化发展趋势，甚至出现宗教文化冲突，并对族际关系产生影响。为此，本章节仅对"藏回"社会结构及文化生活的共有传统特征与内容进行论述，下一章节再对其文化变迁与宗教意识强化进行专题论述。

不同年龄的哈巴"藏回"妇女服饰

一、文化传统

在经历民族迫害后远逃到迪庆藏区，云南"藏回"祖先们远离了自己生长和熟悉的故土，面对生存压力，逐渐放弃了民族原有的生活方式，开始了新的生活。由于当时的民族格局为藏族占主体，新移居来的回族为能够获得生存机会，被迫适应藏区经济文化。"入乡随俗"，自觉积极适应藏族文化和生活是获得生存的必须和首要条件，也是获得族群关系稳定的重要途径。[1]

---

[1] 李红春：《鲜为人知的云南"藏回"》，《中国穆斯林》，2006年第1期第45页。

迁来的回族群体能够获得心理和意识统一，与藏族结成兄弟友谊，在生活上适应了藏区的自然条件，在经济上发挥民族擅长经商的优势，与藏族和其他民族进行着较为密切的经济往来。藏区回族在文化生活与藏族共享、趋同，在心理上一定程度上也趋向藏族，呈现出积极互动和主动认同的状态，但民族边界并没有因此而消失，来到藏区的回族在积极适应和变更原有文化生活的过程中，还保留着回族的一些文化特征。这样的民族文化演化历史，使得藏区回族的文化显现出藏、回二元文化特征，从而形成了"藏回"族群。兼有藏、回两种文化特征是"藏回"族群社会文化适应的历史积淀的结果。从"藏回"族群族源及历史记忆的追溯，可以看到这一文化结构的形成，再次见证了回族与藏族之间亲密无间，水乳交融的文化融合与民族融合的历史过程，这一过程构成了"藏回"族群历史及其文化的历史主线。经由语言、经济、习俗的趋同变迁，发展到打破民族自我限制，实现民族之间的婚姻关系，藏、回民族之间的交往实现了空前的发展。然而，如前文所述，在今天"藏回"族群文化的现实生活里，回、藏文化互动呈现出多维方向的变迁，文化及社会结构的变迁，间接导致了族群认同的变化。为厘清"藏回"族群文化结构的传统与变迁，讨论文化变迁与族群认同的关系，首先需要对其文化传统进行梳理描述。

（一）语言。语言是一个集合地域、人群、文化的

第三章 生存策略:"藏回"族群的文化适应

综合体。语言作为文化要素实现了语言使用者的社会化功能,由语言延伸出族群记忆、文化情感、伦理道德和族群边界。语言是族群群体内部相互认同,而与外部人群相区别的一个重要文化内容,是族群边界的一个明显依据。同时,在人类社会历史里,语言作为文化要素实现了使用群体的社会性建构,由语言延伸出认知、心理和意识层面上的认同和解释。众所周知,回族形成的一个重要标志是对汉语的群体性使用,汉语也构成了回族的文化要素和心理认同基础。移居云南藏区的回族接受了藏族文化生活,出于同当地经济生活的互融考虑,他们借用了藏语并渐渐地将其转换为民族群体新的语言。从历史记忆的追述中,我们知道"藏回"的语言转换的发生是很短暂的,一个世纪的族群定居藏区历史,自借用之初到今天,藏语的使用稳固延续着,用藏语交流不仅是与藏族的交往中,还广泛地运用于回族内部,藏语为母语的转变成为"藏回"形成的重要标志,由此"藏回"被称为"藏语穆斯林"。大中甸和中心镇的回族基本将藏语,年轻一代除在家中将藏语外,在外以汉语交际为主。三坝乡安南、龙湾边、兰家村等地的回民既能将藏语,又能将汉语。平时说话,多使用汉藏语混合语,一句话前半句是汉话,后半句是藏话。如"他俩散茶提"(意思是他俩去吃饭了),说汉语时,语法基本上是颠倒的,如"什么搞在啦"(在搞什么)。[①] 就我们调

---

① 段志诚主编:《中甸县志》,云南民族出版社,1997年8月,第214页。

查的三个"藏回"村落而言，在日常用语中藏语的借用是很频繁的，其中县城周围的回族村落和安南村现在已经将藏语变成主要的语言，在回族内部和与藏族交流中藏语的使用是很频繁的，在县城附近的旺池卡村，村民已经完全使用藏语来进行交流，而安南的回族在日常生活中也早已习惯了讲藏语，其中80%的人能够精通藏语的使用。此外藏语的使用还表现在回族起藏族名字上，回族小孩通常都有自己的藏族名字，而且村民也多以藏名称呼。相对而言，在哈巴村的回族使用藏语少于前面的两村。目前，在哈巴村能够精通讲藏语的人仅限于80岁以上的老人了，中年人中对藏语的使用在几十年前还较频繁。现在村民越来越少讲藏语，在中年人群中藏语的使用比例约为45%。在安南村回族使用藏语概率是很高的，在平常族际交流中能够熟练使用藏语和藏族自由地对话，在和内部回族的对话中藏语也占十之七八，其他为汉语。哈巴村"藏回"整体的语言现状是以汉语为日常交流语，在与日常生活密切相关的一些生活事物的称谓上，还保留了藏语词汇的俗称，如他们把打酥油的木桶叫"苏拉"、水瓢叫"桑桶"，冲牛奶的桶叫"武当"、把火塘叫"托卡"、公牛叫"组"、母牛叫"格"、煮茶的土罐叫"尤波"、打酥油的木桶叫"梭拉"等等。小孩和青年只能说个别的简单藏语词汇，而不能用其他复杂的藏语对话的听说；中年人还能够使用简单的藏族语句，并能听懂有些简单的日常藏语交流；老年人

第三章　生存策略："藏回"族群的文化适应

相对能够熟练听懂一般的日常藏语对话，有些老人还能够熟练地进行藏语交流。据介绍，哈巴"藏回"祖辈与安南一样，都是以藏语为母语进行交流。现今，哈巴"藏回"的日常用语主要为汉语，藏语的使用仅限于个别指代称谓的词汇（使用藏族名字的人很少）。由于与纳西族、彝族杂居，"藏回"会讲纳西语、彝语的较多，这是因为哈巴村地理上没有藏族邻近居住，并且和纳西族、彝族紧密相邻的客观地理位置条件也是重要的原因。除此，在"藏回"族群内部一直延留着有些陕西方言，也是"藏回"族群在语言上与其他民族所不同的。如"热头"（太阳）、"俺们"（我们）、"锅盔"（麦面饼）、"占牛"（菜牛）、"水饺子猫耳朵"等，从中看出其族群来源与陕西关系密切。"藏回"内部用语中又掺杂有阿拉伯语和波斯语词汇，年过六、七旬的长辈和读过阿文的几位老人，还记得一些阿拉伯语词汇和《古兰经》。如穆斯林、阿訇、"海里凡"（念经学生）、"伍斯托"（老师），"讨白"（忏悔）等。除此，"藏回"内部还有一些特殊用语，如煎油香叫"倒油"，送油香叫"传油香"，通婚称作"开亲"，动刀称"下刀"，洗澡称"换水"或"打点滴"，棺椁称"沙棉"等。语言的特殊性构成了"藏回"族群的族群标志，是其族群文化的重要内容，同时对其族群记忆的认知产生重要影响。

（二）服饰。与藏族的装扮相近，是"藏回"的服饰文化的重要特点，也是"藏回"族群长期传承的一个重要文化内容。出于服装借鉴样本的有限，藏区的回族逐渐也直接采借了藏族服饰文化，这样的服饰借用是较为实用于藏区御寒农业生产的。在现代化的文化传播过程中，藏区服饰中也出现了"时髦的男人"与"守旧的女人"的文化现象，"藏回"男子服饰逐渐"现代化"，青年妇女也呈现出现代化简便宽松的服饰潮流，唯有老年妇女仍旧穿传统藏服。历史上回族移民迁徙到云南藏区很快对藏族地区的环境进行了适应，若要在藏族地区长期定居，必须与藏族进行广泛、深入和密切的经济生活交往，而汉服在高海拔寒冷的藏区是极为不适应的，既不利于农作劳动，又不能御寒。相反，衣袍结合的藏装既能够抵御严寒，还便于生产生活，所以藏装自然很容易被回族吸纳和接受。在"藏回"形成的历史初期，讲藏语、着藏装的文化变更是短时期里便完成的，当时的回族男女老幼服饰都和藏族一样。这样的文化转变使得移居而来的回族能够较快适应当地的生产生活，并能够获得周围藏族的认可。在对藏文化的接触、借用和适应变迁之初，香格里拉回族的穿着打扮，完全与藏族相同。回族男子的装扮为穿藏袍、戴毡帽，穿藏式镶金边的"对塘"和处巴，腰间挂小刀；妇女的衣服和头饰受藏族影响更明显，几乎完全同于藏族，寒冬酷暑均穿藏装，即长衣长裙配绣花坎肩。首饰一般都是白银打制，有的镶有珊瑚和绿松石。中甸回族在新中国成立前男女都蓄长发，男子发饰为在头中央留一圈长发，编成一条

第三章　生存策略："藏回"族群的文化适应

辫子盘绕头上。妇女发饰为留满发，如藏族妇女编成三辫，发尖加红头绳甩在背后，姑娘们戴羊皮护耳帽时，喜欢盘绕着头上。新中国成立后，男子都不蓄辫子，女子发辫也改编为一辫或两辫，头发系成辫盘于头顶或两侧。[①] 在"藏回"成年或结婚之际，男女都有一套属于自己的藏装新衣，过节、节庆时候男女老幼都着藏服盛装出行。现今我们看到了在安南和哈巴的回族妇女中老年还穿着藏族服饰，其他人群则改为着现代服饰。正是因为在语言和服饰这两个能够识别民族特征的环节上，回族进行的借用使得自身具备了藏族的文化特征外貌。

安南"藏回"老年妇女服饰

[①] 段志诚主编：《中甸县志》，云南民族出版社，1997年8月，第215页。

哈巴"藏回"老年妇女服饰

安南"藏回"男子的藏袍

(三）饮食。一个民族在与其他民族的交往中，生活习俗之间的互动传播与共享是最容易发生的。与语言、服饰一样，藏族文化特征比较明显之处还表现在饮食习惯方面。云南藏区回族均接受了藏族的饮食习俗，以酥油为生活必需品，喜食酥油茶，每日必须食用，以小麦、青稞面料作为主粮来制作面饼、馒头和各式面点食物。每户平均每年宰1头牛，通常用柴烟熏干，可供全年使用，其制成干肉，可做成干巴，用于煎炸炖煮均可。喜食各种奶制品，特别以奶豆腐和酸奶渣制品为主。奶豆腐一般在中午使用，因其特别酸，所以食用时配以白糖；奶渣是酥油提取后用酸水点制而成，类似奶酪，放置与火塘上方竹筐烘干，有数月的保质期来食用。平时一日四餐，晚餐多食用大米和面条，炒菜。其余三餐喝酥油茶，吃糌粑、面饼、奶渣、奶豆腐。节日也仿照藏族做"习鲁习洛""叭擦""梯哄"和饼子、米糕、荞糕等食品。[①] 在较广泛传承藏族饮食习俗的同时，"藏回"还保留回族特有的饮食禁忌习俗，尤其遵守不食猪肉的饮食禁忌，而对抽烟、喝酒、吃野生的凶猛动物肉食等其他饮食上的禁忌较少遵循。饮食文化的地区趋同性和民族特殊性是真正构成"藏回"他者认可和自我形塑的文化要素，族群的边界在饮食上是清晰明显的。因为保持饮食禁忌成为"藏回"你我身份认知的标志，成为独

---

① 段志诚主编：《中甸县志》，云南民族出版社，1997年8月，第215页。

立于藏、彝、纳西等族群之外的另一族群。据调查了解到，安南村"藏回"人口不断减少，并不是人口自然减少的问题，而是受藏族高度同化影响，有部分人因为饮食变更进而融入成为其他族群，丧失了"藏回"族群回族认同中最为重要的饮食习俗，由此也失去其他"藏回"的认同。通常情况下，周围其他几个民族也是以"吃不吃猪肉"为标准来划分是不是回族。可见，饮食禁忌构成了"藏回"自我认同与他者区分的一个关键文化符号。语言、服饰等文化要素并没有清晰构筑起"藏回"族群与其他族群的文化边界，而更多的是通过饮食禁忌来彰显其族群的文化差异和族群性内容，饮食禁忌的自我认可加固了"藏回"对"回化"的认同，而语言、服饰等因素则成为对"藏化"既定事实的一种表述与肯定。

哈巴"藏回"日常饮食

第三章 生存策略:"藏回"族群的文化适应

"藏回"每日午餐必备酥油茶

(四)建筑。建筑是民族文化的活态传承方式之一。因为回族杂居于藏族村落,加之受限于建筑技术、材料与实用等因素,所以回族的房屋和藏族是没有区分的,都是藏式土楼或木房。香格里拉回族住房分为两种类型:居住于中心镇、大中甸、三坝安南村的回族住房与藏房无异;居住于哈巴的回族住房多为土墙瓦房。新中国成立前多是矮平房,正房二间,一间为火房,一间为宿舍,宿舍中央有火塘,全家围着火塘就餐。晚上围火塘铺地而睡,火塘彻夜不息。畜圈和打谷房另设,不与正房相连。新中国成立后,哈巴回族的住房有了明显改观,一般都是砖木结构的二层楼房,牲口房和草楼另设,有似纳西族住房,屋内火塘上方壁橱或柜台上,一般都摆设花木。[①] 位于山区的安南"藏回"房屋与经济发达的县城坝区相比要小些,而建筑的样式、材料、功用、结构都是相同的。房屋通常为

---

① 段志诚主编:《中甸县志》,云南民族出版社,1997年8月,第215-216页。

上下两层的干栏建筑，下面养牲畜，上面住人，由扶梯连接上下两层。从外观上回族和藏族房屋建筑已几乎没有什么太大的区别，仅是在内部装饰上有所不同而已，即藏族房屋上层的右侧房间专门设为经堂，用于诵经礼佛之用，房屋内设火塘来做饭取暖。而在"藏回"的房屋里大多没有这样专门的房间，原因是其宗教信仰的不同。"藏回"人家的正屋火塘一旁的墙壁上均贴有"恩主福禄"的字帖，这是表明伊斯兰教信仰的一种表现，也是对回族保持认同的一个重要标志。部分安南的"藏回"人家受藏族藏传佛教影响甚深，在自家房屋里设有佛像、活佛照片等，房屋大门贴有门神图案，用白塔煨桑，不同宗教信仰并存。在哈巴村房屋的建筑风格与其地理条件有关，由于在平地较少的半山坡，不适宜建土掌房，所以一般人家都是木楞房建筑，即由木料简单搭建而成，很少需要复杂建房技术与人力，充分利用了当地木料充足的优势。内饰上哈巴"藏回"的房屋仅贴有"恩主福禄"字帖，而没有藏传佛教和其他信仰的任何迹象，表明仅为伊斯兰教宗教信仰的唯一性。哈巴的木楞房为一层的多功能建筑，是集吃、住、娱、宴请、宗教活动等多种用途为一体，在房屋内也均设有火塘，近年来村中部分人家修起瓦砖房子。房屋建筑的地区统一性成为"藏回"、藏、纳西等几个族群的共性，因宗教信仰的族群差异并不明显，"藏回"伊斯兰教信仰的重要标志，集中表现在房屋内有"恩主福禄"的字帖。这一宗教符号象征更多的是族群记忆的传承，族源历史的表述，是回族认同的自我解释符号，却没有丰富具体的宗教生活与文化内容。然而，这一集合族群、宗教、历史的标识划分出了游离于汉、藏、纳西、彝等族群之外的"藏回"族群，同样构成族群自我认同的一个来源。

安南"藏回"的藏式房屋

（五）娱乐。由于长期与藏族生活交往，"藏回"在文化外貌上向藏族的转换的同时，两个民族的文化交融并未停息。在这样的背景下，由外而内的文化影响力变得更加清晰，影响着"藏回"族群文化认同的心理变化。其中对藏族娱乐习俗的借用并积极实践，是这一影响的具体表现之一。安南和哈巴"藏回"的几代人都是藏族歌舞的热衷者，他们在平日的节庆、结婚、农闲时几乎都是彻夜不眠的跳藏舞唱藏歌。藏歌通常是些自己即时编即时唱的，多为抒情和赞美的歌曲，藏舞是节庆时集体跳"锅庄"。历史上，安南和哈巴"藏回"男女老幼成为藏族歌舞的追捧者，每逢春节、端午节、火把节、中秋节、婚礼及农闲之际，整个"藏回"男女老幼都要唱藏歌，跳"锅庄"（藏舞）。藏歌通常是演唱者的即兴之作，依据活动时令、场景、意义的不同，创作出抒情和赞美相关的歌曲。"锅庄"是一种藏族的民间舞蹈，在节日或农闲时跳，男女围成圆圈，自右而左，边歌边舞。早期与藏族奴隶社会和盟誓活动有关，后来逐步演变成为歌舞结合，载歌载舞的圆圈歌舞形式。锅庄舞姿矫健，动作挺拔，既展舞姿又重情绪表现，舞姿顺达自然，优美飘逸，不但体现了西藏藏族人民纯朴善良、勤劳勇敢、热情奔放的民族性格，而且有一定的力度和奔跑跳跃变化动作，动作幅度大，具有明显的体育舞蹈训练价值和锻炼价值。据哈巴村民介绍，他们曾经多次获得县里举办的藏族歌舞比赛奖励。藏族的歌舞成了"藏回"族群的重要娱乐方式，并产生一定的认同影响。"藏回"对藏族歌舞的借用和认同，弥补了回族传统在娱乐内容上的缺乏，表明藏族文化对"藏回"的影响力由文化外层渗入到族群心理认同层面。哈巴和安南"藏回"对藏族传统歌舞的传承并未间断，并将其整合为自身文化的一部分。或许是歌舞娱乐能够抚慰"藏回"祖辈苦难历史记忆的创痛,同时表明了他们对新家园充满憧憬,在族际共欢过程中,开启多民族之间休戚与共交往的历史新篇章。从娱乐的表述中,我们看到了回与藏的模糊性,"藏回"传承藏族传统文化,又能够使其真正融入其自身社会生活之中,没有存在文化排斥或心理差距。如若探寻两个族群娱乐文化的族群差异,或许只有在"藏回"对藏式歌舞的认可方面存在着族群自我解释的区分,就如村民所言:"我们(藏回)比他们(藏族)在跳舞唱歌上更厉害"。从一个侧面能够看出,"藏回"对新文化的开发态度,这样的文化心理与传统的回族社会有所区别,他们并未因为是异族文化而采取排斥。相反,通过自我解释来强化族群差异,并实现了族际和谐,产生和合共生的效果。

(六)亲属称谓。"藏回"现实生活中的亲属称谓几乎同于汉族,有着直系和旁系,姻亲与血亲,行辈、性别不同称谓的区分。按照男性划分亲属称谓分别有祖(外祖)、爷爷(外公)、父、岳父、伯(方言为阿大)、叔(方言为阿耶)、舅、姑爹、姨爹、哥、弟、表哥弟、堂哥弟、儿、侄;女性亲属称谓有祖母、奶奶(外婆)、岳母、伯母(大妈)、姨、舅母、姑、姐、妹、表姐妹、堂姐妹、女儿、侄女。

(七)婚姻。从回族形成的整个过程来看,回族对"他者"的文化都是积极吸纳和持开放态度的。然而,自经历元、明、清的演变,回族由雏形渐渐定型为一个独立的族体之后,回族的发展上日益变得自我封闭和独立。呈现为"回回人的信仰和文化也不过是一种远离主流、自我封闭而令旁人诧异和好奇的外邦习俗"的感观印象。[①] 其中婚姻制度上,这一特点最为显著,表现为回族群体渐渐中断了与其他民族在心理融通的交流和互动,早期普遍的族际通婚逐渐转化为封闭的族内婚,在婚姻现实中较为严格地实行族内婚,对非伊斯兰教信仰民族的通婚表示不赞同、不满意、苛求甚至禁止。

因躲避战争而迁居到藏区的回族由于人口数量少,性别比例失衡,此时继续实行回族内部通婚已经不可能。在社会、生产、生活及习俗受藏族影响日渐深入的过程中,逐渐接纳藏族的生活方式,并影响到心理层面对藏文化的认同亲密程度,发生了渐渐认可藏族文化的转化,为加速藏族与回族的群体通婚创造条件。云南藏区回族的定居历史大约有一个世纪的时间,可以说直至今天我们看到的"藏回"族群,在现实的婚姻行为中还一直发生与藏族的族际婚姻关系。香格里拉回族始终保持着一夫一妻制。新中国成立前,主要实行民族内婚制,只要平辈,无论姑表、舅表或姨表兄妹均可通婚,包办婚较为普遍。回藏通婚较早,但新中国成立前与外族通婚,遵守回族"准进不准出"

[①] 纳麒:《传统与现代的整合——云南回族历史·文化·发展论纲》,云南大学出版社,2001年1月第1版,第98页。

第三章 生存策略:"藏回"族群的文化适应

的传统。结婚请阿訇念喜经、作证婚,婚后遵循回族习俗。新中国成立后,回族与外在通婚,下一代任其选择民族身份,婚俗也随通婚的民族风俗,实行藏俗婚礼的居多。家庭中男人地位较高,儿女一般沿用男姓氏。[1]

调查得知,在安南村的"藏回"家庭中,每一代成年已婚者中都有与藏族有嫁或娶的通婚情况。在日常的生活中,尤其是在生产中藏族和回族结成了十分密切的关系,以至两个民族间除了饮食及一些细微风俗的差异外,两个民族都不曾觉察到彼此的不同。哈巴村回族的婚姻实行的主要还是内部通婚,局限于安南和哈巴两个回族村之间,同时还与一部分纳西族、汉族和藏族少部分的族外婚,但没有与彝族通婚。在建村初期,哈巴"藏回"主要与村内以及安南的"藏回"内部建立婚姻关系,后来的婚姻选择范围变化逐渐变为以村内为主,安南"藏回"及周围的纳西族、汉族为辅的通婚现实。族外婚的族际通婚形式主要发生在外族妇女嫁入的情况,这是遵循"准进不准出"的教内婚原则。与外族通婚的情况大多限于男性,而且严格遵循"准进不准出"的原则,要求变更为回族的饮食生活习惯,而对女子外嫁其他民族的情况则并不遵循这样的要求。哈巴老年人中族际婚的对象多为藏族,中青年婚姻对象多是纳西族和汉族。

---

[1] 段志诚主编:《中甸县志》,云南民族出版社,1997年8月,第217页。

"藏回"族群的婚俗极为复杂，其内容深深反映出族际交往和文化借用的历史影响，具体表现出以藏文化特征为主的婚姻习俗。哈巴、安南"藏回"的婚俗，一般分为说媒、订婚、扎哈达和结婚等几个部分。

（1）婚姻原则：首先是遵循族内通婚原则（同姓不婚）；族外通婚原则很少强调本家是回族的教内婚，无论娶还是嫁外族只需"改口"尊重回族饮食禁忌便可。然而，这样的"改口"要求也只能对外嫁或是上门到自家的外族进行约束。如若外嫁到其他民族家，"藏回"儿女几乎都会"改口"（吃猪肉），甚至改族改教。除此，"藏回"男女能够喜结良缘的前提是由男女和双方父母同意，再加上双方的属相可以婚配，主要是借用藏族的婚姻属相相配原则，即藏历中将狗（次）—马（打）—虎（达），鸡（西）—牛（拢）—兔（背），鼠（下）—龙（沟）—猴（需），猪（爬）—羊（落）—蛇（玉）分别列为可以相互婚配的一类；而婚礼程序主要由订婚和结婚两个过程组成。

（2）说媒：主要由一个媒人，男女没有特别要求，主要为男方较亲长辈或与女方家关系较好的亲友充当媒人。媒人到女方家说媒，不带任何礼物，仅是为男与女双方建立进一步关系而牵线搭桥，并积极说服女方能够接受男方，商量下一步婚事的具体事项。

（3）订婚：俗称订酒。这个阶段是首先在说媒成功，初步获得女方同意，由男方家两个亲属，须得男性组成，带不少于4斤白酒（20世纪90年代），烟1条及一些水果到女方，正式确立两家关系，愿意结成亲家，完成订婚。男方在媒人的陪伴下带茶、酒、红糖、烟等礼物到女方家，女方请自家亲戚一同商定结婚日期及具体事项。一般是在春节前后办理婚事，而在晚上喝茶喝酒和用水果招待来客。

（4）扎哈达：安南与哈巴"藏回"结婚习俗大同小异，扎哈达是专为双方婚事日期商讨而进行的仪式。通常女方家宴请自家血缘亲属一日三餐，即中午饭，水果点心和晚饭。男方家须由两个媒人带烟酒糖茶等礼物到女方家商讨确定具体的结婚日期。通常情况下，女方家会以各种理由推辞，不予明确具体的结婚日期，这时媒人需以其他理由说服女方家长给出具体的结婚日期。所以媒人口才是较为关键的，一般都是由那些村内较能熟悉地方习俗，口齿伶俐，尚能说服别人的人来担任。通常情况下，在媒人的再三劝说下，女方一定会当众宣布结婚日期的，这样一旦确定下来，很少有变动的情况发生。

（5）洒水：男方必须在中午12点前到达女方家，男方带衣服、酒、肉和哈达等到女方家，到女方家时须放鞭炮，女方家属对新郎洒水。男方迎亲礼物为双数，迎娶新娘后返回家，女方返还男方礼物各一份。男方叔辈估计迎亲队伍返回时间，早早在外等候。看到迎亲队伍时，在新郎新娘进家门前，将哈达置于房屋堂厅中央。男方回到自家后将酒水倒入水桶中，意味着新娘如泼出去的水一样已成为男方家人。新郎的母亲站在房屋扶梯口，手执香炉，另一人对新人洒水，新郎新娘迎入房屋。在招待完宾客后，晚上点燃篝火，亲友共同跳锅庄来娱乐。许多年轻人跳锅庄是通宵达旦的，直到第二天清晨才各自回家休息。

（6）婚宴：婚礼一般为前后三天。第一天称之为"小相帮"，主要进行招待宾客的前期准备，宰牛是最主要的帮忙内容。这一天招待来客的菜为两餐，即宾客吃过早饭后来主人家帮忙，主人家招待亲友午餐和晚饭，凡是来参加小相帮者均为主人家直系亲属和关系较好的亲友。小相帮负责第二天的宴席食材，主要有油炸果（麦面糕点）、饼干、馒头。其中少部分用于当日招待宾客，大部分留于第二天使用。中午吃简单的酥油茶和麦面饼，晚饭吃油炸果、饼干、馒头等。第二天称之为"大相帮"，主要是操办第三天正客所需的各种宴席食材。过去，因为物质条件极为有限，所以在大相帮这天，招待宾客的菜肴多是简单的家常菜，与平日中午饭相似，仅是酥油茶和麦面饼或馒头，极少有荤菜。随着物质生活的改善，现在村民婚宴大相帮这天的菜肴几乎与正日子那天相同，有鸡、鱼、杂碎、肉圆子、小炒、青花菜炒肉、凉菜和素菜八大碗。大相帮也是招待两餐，午餐和晚饭。第三天称之为"正客"或"正日子"。即迎娶新娘到家的那天为招待宾客的主要日子，此时全村藏族、汉族、回族及邻村的彝族，以及远方亲友都会来参加婚礼。通常分为三餐来招待宾客，包括中午、吃水果和饭碗三餐。中午饭时，与大相帮相同；中午饭后，稍许片刻主人家便用各种水果招待四方亲友；晚饭以八大碗招待宾客。

（7）"回门"：在婚礼正式完成后新婚的男女要尽快挑选双数日子带上些礼品回新娘家，新郎住新娘家一晚，而新娘可以多住段日子。在结婚的第一年里的春节时也要"回门"，通常是初二，之后的每年由新娘一人回门便可。

婚姻是人生重要的生命过程，围绕婚姻形成的婚俗是一个民族文化的重要内容，也是个人社会化的一个重要实现途径。安南"藏回"婚姻因为现实中通婚形式的差异而存在两种习俗。安南"藏回"男性主要进行族内婚，仅与本村回族或哈巴"藏回"女子通婚，这是家长和个人的最初愿望。如果回族内部没有合适的女子，而其他如汉族、藏族女子与其通婚时至今都没有严格要求改教，即变更宗教信仰，皈依回族伊斯兰教，仅是要求尊重回族饮食习俗，不食猪肉。这样没有改变回族习俗，或也没有强制改变嫁入女子的民族习俗的情况是构成回族内部婚俗的重要基础。另外，"藏回"女子如没有嫁给回族人家，而是嫁给藏族、汉族等其他民族的多改变自己的回族饮食习俗，跟随丈夫方的民族习俗，这样的婚俗也直接发生变更，失去进行回族婚俗的前提条件。

二、宗教信仰

众所周知,回族的形成与伊斯兰教是密不可分的,在回族的民族性特征中较为稳固和明显的是心理上较强的认同感和归属感。在认同方面,伊斯兰教直接构建了回族群体之间、个体之间及群体与个体之间彼此心理认同和归属的基础。人类学及宗教学对于宗教信仰概念、行为规范、价值范畴、社会功能、心情满足等开展的广泛研究中,都极为重视对宗教的仪式的分析。[1] 的确,宗教仪式是宗教观念和意识表述的践行,而且也使宗教的超意识概念经过仪式而得以强化。

云南"藏回"民族认同主要为回族,在借用藏族文化,适应藏族生活表现藏族特征的同时,仍然在他们的生活中表现着回族的文化特征,伊斯兰教信仰的残留,多元精神信仰的并存与回族精神信仰牢固的一元性是相悖的。然而族群物质和精神文化的藏化并没有完全直接地导致其民族认同的藏族转变,在民族认同上云南"藏回"族群认同情况是复杂的,在现实中民族身份的认同却在地区上出现差异。我们看到云南"藏回"在实际的生活中更多实践的是藏族传统文化,认同藏族和藏族文化,即明显以藏文化为族群文化的

---

[1] 法国社会学家和人类学家杜尔克姆研究宗教时提出,宗教构成的核心是信仰和仪式,而仪式尤其重要。此外,还有拉德克利夫·布朗、罗伯逊·史密斯等人类学家均认为仪式的研究重于对信仰内容的关注。

第三章 生存策略:"藏回"族群的文化适应

基本特征。然而,在民族认同的深层,族群认同情况呈现出主体性差异,在身份的认同上大部分认同为回族,族群在内部心理上对回族文化和身份有归属感,族群在记忆中对回族母族的认可是统一的。基于宗教文化的内容差异进而形成了几种不同文化认同和民族认同的"藏回"群体,今天云南"藏回"社会文化的三种变迁模式:完全藏化(文化乃至身份的藏族化)、深度藏化(文化生活的藏族化与身份回族认同)和回归回族(回族文化的重建)。云南"藏回"的文化实践集中表现为多元文化交融互动的文化表述过程。

(一)伊斯兰教宗教文化表现[1]

在人类学或是宗教学研究领域里关于宗教信仰概念、行为规范、价值范畴等进行广泛的研究,其中都一致主张对宗教的仪式应该给予重视。[2] 的确,宗教仪式具体化了宗教观念,而且也使宗教的超意识概念经过仪式得以践行。

在云南"藏回"族群的文化生活中,"藏化"与"回化"的特征与内容并非泾渭分明,结构并不是均衡对等的呈现。在族群个体生命周期里藏化是明显和主

---

[1] 在丧葬和一些宗教风俗上主要保留回族文化特色,但是也发生一些更改,如下葬羊、点酥油灯、过仙桥、哭丧、下跪等习俗明显混杂有汉、藏等民族的习俗。

[2] 法国社会学家和人类学家杜尔克姆研究宗教时提出,宗教构成的核心是信仰和仪式,而仪式尤其重要。此外,还有拉德克利夫·布朗、罗伯逊·史密斯等人类学家均认为仪式的研究重于对信仰内容的关注。

要的，表现于经济生产、族际交流、情感互助、精神娱乐等方面。在高度同化于藏族的文化生活里，"藏回"仍旧保留一些回族文化特征，这些回族文化没有藏化显眼，但却获得与藏化并行的族群认同与代际传承。因为同源同宗、地理距离近、日常生活密切、互为通婚集团等因素决定了哈巴和安南"藏回"的日常生活习俗保持一致。"藏回"的"回化"主要表现在回族特殊用语、丧葬仪式及伊斯兰教节庆等方面，以丧葬仪式最为明显。在生命终结之际，"藏回"的回族文化特征才集中显现，即表现为回族传统丧葬仪式的延续传承，其间族群内部对回族高度认同，使丧葬仪式成为由"藏"向"回"回归的一个绝佳的节点。"藏回"丧葬仪式的"回族性"是其族群牢固认同为回族的主要依据。

哈巴和安南"藏回"的丧葬习俗大致相同，现今因为伊斯兰教在哈巴"藏回"中得到广泛传播，丧葬习俗严格按照伊斯兰教教义要求进行，原先的一些地方族群性丧葬习俗被革除。而安南"藏回"至今没有彻底进行伊斯兰教的"回归"，丧葬习俗还一直延续着，其丧葬习俗中明显地表现出伊斯兰教—回族社会丧葬文化的内容，并不断强化了回族意识，这些进一步强化了回族身份及文化习俗的认同。

1. 丧葬习俗

哈巴和安南"藏回"的丧葬习俗大致相同，现今因为伊斯兰教在哈巴"藏回"中得到广泛传播，丧葬习俗严格按照伊斯兰教教义要求进行，原先的一些地方族群性丧葬习俗被革除。因为安南"藏回"至今没有发生伊斯兰教的"回归"，所以丧葬习俗还一直延续着，其丧葬习俗中明显地表现出伊斯兰教—回族社会丧葬文化的内容，强化了回族身份及文化习俗的认同。"藏回"的丧礼主要显现为回族的宗教文化特征，但是应该指出的是其间有些仪式内容却融入了当地藏族的宗教文化观念和行为，有些则是"藏回"在具体现实生活中依据需要而新创制。通过调查了解，哈巴和安南的"藏回"丧葬习俗的地方传统大致相同，主要分为以下几个部分。

（1）洗身及送葬前准备。历史至今，"藏回"的葬礼依旧遵照回族伊斯兰教的宗教仪式进行，这是一直没有被更改的，这也是保留最持久的宗教仪式。无论在安南还是哈巴，有关葬礼的仪式都是很严格地实行土葬。在人死后，要由与死者性别相同的家属为死者清洗尸体，之后用三层白布裹好，请阿訇来家中开经，并制作油香。伊斯兰教葬礼要求速葬，通常人死后如若直系家属有人没有在家需要等待的，最多可以等一两天。死者洗身后被停放在房外空旷处，搭一个临时的小帐篷，将死者用白布裹好放在里面，并点酥油灯，这是象征死者在另外的时间里也能够看路，以及寓意亲属希望死者仍能有光明生活之意，同时还要点香直至第二天天明（此细节及象征意义为借用）。

（2）出殡。出殡通常是中午举行，出殡时死者家属中的孝子戴孝,并于家附近凡有小溪或水沟处跪在其上让死者尸体经过,意为死者搭桥(借用藏族)。

(3)下葬。到公共墓地,死者男性亲属在一旁等候,阿訇一人将死者放入事先挖好的坟坑中。由于当地土质疏松,得用木板加垫,是由其他送葬人用木板置于坟坑的前后左右上封严,下方不垫木板,死者头略朝向西方。木板的尺寸规格是很严格的,要求长为5.3米,宽为1.3米,高为3.3米,① 据哈巴村民推测,祖先在安南初期时的两个阿訇创制了这些习俗。阿訇在埋好死者后便点香诵念《古兰经》,诵念完毕后所有参加送葬者接"堵啊"(伊斯兰教祈祷语),将"油香"②传送给送葬者,如若有外族亲戚就要在送出的"油香"上留下小部分,然后用火将其烧掉。葬礼完毕,送葬队伍便收拾东西回家,在回家途中送葬者通常会燃一堆火,用烟熏自己身体,象征驱除鬼魂(部分借用藏族,部分创制)。安南和哈巴在葬礼风俗上是完全相同的,以前安南死人时要请哈巴的阿訇去主持,因为安南很长时期内都没有自己的阿訇,阿訇一旦被邀请就得必须去,亲戚也都会赶到参加送葬,来回参加需要三至五天。参加葬礼是"藏回"族群内部的责任和义务,也显现了族群的凝聚力和社会属性。在哈

---

① 许多回族地区也有类似对坟坑的规格,长宽高之和为9.9米,99在伊斯兰教中代表真主的99个尊名。

② "油香"为一种面粉制作的回族传统食物,一般由麦面、米面与红糖拌制经过油炸而成,也有加入一些甜味馅制作的。

巴刚建村的初期,死人要送到安南去埋葬,因为安南是故乡,后来就变为安南、哈巴死人各自埋葬在村中。死者家里的妇女有在丧事的一周后的早晨在曾经停尸体的地方大哭的习俗(创制)。"藏回"族群的传统丧葬仪式过程如下:

安南、哈巴"藏回"丧葬为土葬,回族亡人后一般为第二天中午过后便要入土,至今保持不变。在洗净亡人身体后,用红花与麝香混合调制成水后放七粒麦子,充分浸泡后将七粒麦子取出,用干净棉花包裹后分别放入亡人的七窍后再进行用布裹尸。另外,给亡人穿"卡凡"时,在最内层卡凡布上须写上"清真言"或"作证言",[①] 然后才逐层用布裹尸。通常,在坟地上用竹编制栅栏围于坟地四周,再将尸体掩埋用土夯实,但这一习俗在土地改革后便取消。以前,亡人下葬要念"都尔经",需到丽江的永北或大理去请阿訇,现多由哈巴亲友来念经。回族称呼抬亡人的经匣子为"沙棉"。人死后,送葬者为自家亲属及邻村亲友。将亡人送至坟地多为男性回族,其他民族男性可以参加丧礼,但下葬时必须由阿訇和有"大净小净"者来完成。嫁入回族人家的其他民族

---

① "卡凡"即为裹尸布。"清真言""作证言"为穆斯林信仰的核心,意思为"万物非主,唯有真主,穆罕默德是真主的使者","我作证称真主外别无主宰,我作证穆罕默德是真主的使者和奴仆"。

妇女一般不进行宗教皈依，仅是随同回族饮食习俗，在丧礼上可以通过洗"大小净"而参加丧礼。在坟地上阿訇念经，亡人家属制作油香送至坟地，分发给每一位参加丧葬的亲友，阿訇得一点"经钱"，没有什么费用需要分发给其他参加丧葬者的。亡人家必须宰一只公绵羊，以三只脚同捆一起，面向西方而宰，以此解释为绵羊能够带领亡人顺利到达天堂，绵羊是亡人通往天堂的坐骑。

安南回族丧葬习俗的内容特性明显地表露出回族宗教文化，强化了对回族身份及文化习俗的认同。安南是哈巴"藏回"历史的一个落脚点，建村早于哈巴，哈巴建村之初，一旦有亡人都要回到安南埋葬。安南回族亡人后一般要尽快下葬，多为第二天12点后便要入土，至今保持不变（哈巴回归后是礼完"撇申"14点后下葬）。

（4）其他丧俗。埋葬完尸体后，但凡回族家中有亡人，家属亲友主要分为两组人马，一组是专门负责亡人洗身、裹尸、送葬、下葬、诵经等仪式的，这部分人多为亡人直系家属亲友，多为回族男性和阿訇，也包括不同民族身份的子女、女婿、媳妇和亲友。另一组更多是同村关系密切的亲友，多负责参加丧葬的来往宾客的招待工作，制作饭食，配合丧葬其他内容进行。安南"藏回"遇到丧事时招待宾客的菜为单数，喜事时为双数；丧事时不以烟酒招待宾客，而喜事时则用烟酒招待。但凡回族人家有白事时，其他民族参加丧礼时都很尊重其习俗，不在回族人家中抽烟喝酒。很长时期安南"藏回"人家的丧事都要戴孝，现哈巴回归后，回族亲友不发孝，但对其他民族亲友仍发孝。在丧葬倒油期间，民族之间的差异是，回族主要以油和麦面为礼物送给亡人家属，藏、汉及其他民族多以粉丝、面条、糖茶等生活用品为礼物送给亡人家属，礼物多简便，注重诚意和实际帮助效果，所有礼物均不记账。据安南回族村民了解到，丧葬习俗还有一个地方特点，坟地通常是不允许进行修葺的。如若当亡人坟墓坍塌或下陷时，平日里是不可以进行修补的。一定要到斋月才能进行修补，所以全村回族坟地的修补通常只有到了斋月才可以看到。另外，村民有对坟头草木进行拔出的习俗，认为树长在坟头会伤害到亡人尸体，使得亡人灵魂不得安宁（解释新创）。

2. 开斋节

云南"藏回"长期逃难和隐匿的历史，加之受藏族的影响，其对回族宗教传统节日的保留是支离破碎的。"藏回"对斋戒的内容和意义的认知层次仅为概念而已。据调查村中60以上的老人中仅有不足10人在儿童时见过有人念经，礼拜，封斋。但是他们知道有自己民族的传统节日——"开斋节"，他们中有人能够大致计算斋月日期，在斋月结束期间全村各家均做些油香于开斋节的早上将所有的"油香"集中到村中草坪上分发，全村男女围坐成圈，一些已经"讨白"（忏悔）了的村民洗了大小净后跟随阿訇跪地听经，之后就轮流传送"油香"。在"藏回"的历史记忆中，"开斋节"是能够明确自己民族身份的重要依据。在他们的祖辈记忆中，虽然对于伊斯兰教中关键性的真主、先知、清真寺等重要象征符号似乎集体失忆，却牢固承袭着"开斋节"仪式，由此其成为回族自身民族传统节庆的主要载体，并构筑起"藏回"内部的重要认同依据。

3."倒油"

"倒油"是"藏回"共有的重要民族习俗，在入斋、开斋和亡人时，倒油成为回族人家是必不可少的一项仪式活动。倒油仪式在时间相对短暂的亡人丧葬期间及之后的时间较长的悼念期间都是最为重要的宗教仪式。通常是以亡人悼念的时间周期来举行的，一般在亡人死后一周、两周、三周、四十天、三个月、一周年、两周年、三周年都要进行规模大小不一的倒油仪式。

回族的母体是穆斯林民族和汉族，文化上也因此表现为伊斯兰文化和中华文明相互交融的特点。受汉族祖先信仰的影响，全国回族几乎都一直有着类似汉族祭祀的风俗，也就是回族日常生活中常常见到的"做好事"风俗。论其本质"做好事"是属于伊斯兰教宗教仪式内容，诵经、制作油香进行施舍亲友村民。"做好事"是对死者进行纪念的宗教仪式，由三日、一周、四十、周年等分期纪念组成。一般是请阿訇来家中诵《古兰经》祈求真主宽恕死者生前所犯下的罪恶，

第三章 生存策略："藏回"族群的文化适应

同时请客招待阿訇和至亲好友。在回族祖辈几代人中这样的"好事"一年中都要有几次，它构成了回族传统人家最普遍也是最能够体现传统的宗教内容和仪式。

在"藏回"社会里回族传统几乎消失，却较完整地保留了"好事"习俗。"藏回"以前的丧事宴席通常是死者家属在家中宰牛羊，做油香来款待村里邻居亲友，每天三次待客用餐，早上与平日一样吃些面食和喝酥油茶，中午吃些水果和点心，下午吃饭有酒有菜，菜饭可以添，一般都得招待客人吃住几天。这样对于许多的家庭来说无形是一个巨大的开销，据哈巴村的两位老者说他们的父亲在任村生产队队长时，在一次去参加丧宴时在路途中他们商议要将这给死者亲属"痛上加痛"的传统进行改革，于是在那家丧礼上宣布将丧宴改革为来者均自带少量的油、面之类的礼物给死者家用作丧事的操办，这一建议全村一致同意，当天就执行起来。自那时至今村中凡有丧事，村民带半斤油，四五斤面粉到死者家相互援助。通常于死者死后的7天、14天"倒油"（做油香），40天、100天和1周年时要请客，以后是隔年倒回油，请一次客。客人依旧自带些食物，并送四五元钱用做阿訇开经费用。

倒油的油香制作的整个和面、煎炸、捞锅等过程，一定只能由阿訇一人独自完成，其他人仅能进行辅助工作，如准备麦面、糖、烧水、烧火和打包等。在亡人四十天时的倒油，需要宰一只鸡，全村"藏回"每家都可分到一份。做油香时必须在面正中央切两刀，

119

这一特点与云南其他地方都不同。另外，在煎炸时不能完全将油香捞起让锅空着，捞熟了的油香时需要留一只在锅内。

"藏回"倒油时制作"油香"

从生命礼仪视角而言，倒油是"藏回"族群个体生命周期里一项极具解释力和象征的仪式与文化实践，同时也是一次重要的族际交往方式。"藏回"将倒油看作是最为神圣的宗教仪式，做"油香"时，主人必须"打点滴"（大小净），邻里知道哪家要准备"倒油"就会主动去家里帮忙，做"油香"时请阿訇来家中开经，做好后由年轻小伙子挨家挨户地去送，每家人必分一个。制作油香的人必须是会诵读《古兰经》且沐浴（有大小净）者才有资格担任。除在死者忌日里"倒油"外，在每年的入斋、开斋及送葬期间每家都会做"油香"相互传送。在这三个时间段内多为小规模的的倒油，所以阿訇一个人完成。而在大规模的仪式活动期间，需要制作大量的油香来招待宾客时，制作过程需要许多人的相互配合才能实现，所以通常是家人亲友一同来制作油香。亡人当天送至坟地分发的油香仍是由阿訇来制作，而招待亲友时的油香则由众人共同制作，这样的区别是突出回族丧礼时的民族宗教特性，而招待客人时这一特征并没有过多地体现出宗教性，仅是礼物回赠的功用表现。这样的区分明显地表现出族群性，神圣的油香只为亲友"藏回"同胞所有，划分出了族群的宗教属性边界，明确了死者"回族"的身份和宗教信仰认同，并对子女亲友的血缘关系进行再一次的确认。同时，将油香作为礼物馈赠其他民族的亲友，联络彼此情义，维系加强已有的族际关系。

(二) 多元宗教共存与融合

通过前面的论述，我们看到"藏回"族群的语言、服饰、建筑、婚姻、丧葬等方面存在对藏族的文化与习俗的大量借用。事实上，在"藏回"族群的宗教生活中，存在着藏传佛教、原始宗教等多元宗教共存的事实，显现出多元宗教文化的融合。

1. 藏传佛教与伊斯兰教的共存

前文介绍安南的"藏回"时，已经提到他们除了在饮食及一些较细微的生活习惯特征上还具有回族禁忌习俗外,其他的都和藏族没有什么太明显的区别,说明他们在宗教上的回族特征是隐性的。调查得知,安南"藏回"内部划分是否是回族的唯一标准是有没有养猪和吃猪肉。据访谈得知,安南"藏回"没有被藏族完全同化的唯一标志是还没有养猪和吃猪肉。在这些回族人家中,虽然没有明显的藏传佛教迹象,如藏族经堂一类的藏传佛教内涵的装饰,但是一部分人家存在佛像、门神、香炉和白塔的情况。从这些宗教元素来看,"藏回"与周围的藏族邻居的宗教是相同的,区别在于所有的回族人家的正房的正前侧的墙壁上均贴有"恩主富禄""主圣披护"的字帖。[1]

安南村杨国胜(回族)家看到在墙壁上贴有表明伊斯兰教特征的字帖,在下方则设有香炉,佛像,屋外又建有小香炉这样的两种宗教相互并存的现象。每天早上起来家长老人便要到屋外的香炉进行煨桑,晚餐前用小香炉在屋中火塘上绕几圈,还念藏语祈祷词,内容多为保佑全家衣禄富足。在安南存在两种宗教并存的"藏回"人家占一半左右,可以说安南"藏回"对宗教是持开放的态度的,究其原因是他们对两种宗教的信仰都比较淡薄,宗教仅是一种民族身份的象征符号,以及祈求全家平安富贵的心理慰籍。而在宗教仪式上"藏回"始终没有间断保持回族特征的地方主

---

[1] 这里"主"指真主,"圣"指穆罕默德先知,此为伊斯兰教特征,字帖意思是祈求真主先知赐福,感谢真主的恩典。

第三章 生存策略："藏回"族群的文化适应

要是葬礼习俗中的仪式及其一些风俗当中，而其他的宗教仪式是不断被借用在现实中，所体现的是多民族文化的宗教特征。哈巴与安南相似，同样存在标示着伊斯兰教和藏传佛教二元结构的宗教特征，但是这样的信仰结构存在的时期要远比安南短暂，范围小。时至今日，安南仍旧表现为多元宗教并存的特点，哈巴"藏回"则因为伊斯兰教的传承，有了相对清晰的宗教边界认识，进而废弃了日常生活中的其他宗教习俗。

追溯历史，"藏回"对藏传佛教与伊斯兰教并存的历史原因与政治力量的介入，对宗教的完全否定有着直接关系。"藏回"宗教生活中出现两种民族宗教结合并用的原因之一是在"人民公社"和"文化大革命"期间对宗教的完全否定，直接导致了地方宗教传统的瓦解，造成地方宗教长期衰微的后果。[①] 政治运动使得族群传统宗教传承中断，之后的宗教政策恢复正常后，村民盲目重建自己的信仰，以至于出现多元宗教并存。恢复合法民族宗教信仰后，传统的伊斯兰教在"藏回"心中已经发生了巨变。目前，安南"藏回"生活中伊斯兰教信仰传统越来越被掩饰和隐性化。伊斯兰教的宗教教义并没有支配着安南"藏回"的生活实践，仅为族源记忆的显现以及亡人族属的象征，是回族身份标识的标签和象征。然而，这一宗教解释却如期构建

---

① 安南和哈巴的宗教文化相对淡化，安南村2013年才建有一个唯一的宗教场所白塔，很少一部村民愿意当和尚，安南的藏传佛教宗教氛围并不浓厚。2000年以前，哈巴一直没有清真寺和阿訇，伊斯兰教宗教氛围同样淡化。

了"藏回"的族属认同和族际边界。在现实的社会生活中，安南"藏回"的宗教表现更多是藏传佛教的信仰实践，这样的宗教选择是因为藏传佛教成为了区域性主流的文化内容，官方舆论、媒体和自我理解等占据了他们对宗教的认知空间。另外，与周围亲友统一一致的宗教信仰则安慰了他们的心理稳定情绪，获得了他者的认可和呵护，而没有成为矛盾冲突的信仰对立者。

"藏回"伊斯兰教信仰的标识"恩主福禄"

第三章　生存策略："藏回"族群的文化适应

信仰藏传佛教的"藏回"

从周围汉、藏、纳西等族群的认知来看，他们对于仅是饮食、丧葬习俗不同于自身的"藏回"族群，他们尊重理解"藏回"的饮食习俗，融合到"藏回"家庭中亦能够尊重这样的习俗。在他们的宗教认知中，宗教仪式的差异只是形式的不同，和谐、尊重是两个族群两种宗教的共通之处。"藏回"族群生活中表现出的多元宗教并存与融合，表明其族群对宗教文化所持有的开发包容态度，其重要意义在于两个族群之间的相互信任和尊重。

2. 其他宗教信仰

安南是一个藏族占主体的村落，正如前文所述，当地的回族受藏族的影响，其精神上也日益趋向于藏

125

族的宗教信仰。而在哈巴两个回族村回族占绝对的比例，其次是纳西族、彝族和汉族村，因而在群体精神需求上发生的变迁不同于安南回族。具体是在"文化大革命"后的很长时期里，哈巴"藏回"曾经有大约四分之一左右的人家存在进行原始宗教信仰活动的经历。这些人家基本上是不会公开地进行原始宗教活动，他们大多是在看病吃药未能治愈疾病时就学纳西族、彝族和汉族的一些救人方法，往其他村请毕摩、巫师、东巴来家里做法事，有时也去村头的香炉上烧香；还有在家丢东西（一般是牲畜）时也会请人来做占卜"捏算"。这表明他们对其并未真正信仰，这些宗教活动仅是对哈巴"藏回"现实困境的精神满足。由此可见，在哈巴"藏回"的精神世界和现实生活中所表现出的多民族多元性宗教信仰文化特征是功能性和现实性的，是个体心理的满足。然而，这些原始宗教的信仰与安南"藏回"对藏传佛教的理解有共性，也有差异。相同之处在于都是基于对现实生活的心理安慰考虑，不同之处是哈巴原始宗教的信仰是个体性的，安南藏传佛教的信仰是族群群体性的，表现了对不同宗教信仰的认知差异。

经由回藏通婚，回族和藏族之间的社会生活网络紧密联接在一起，这也使得两个民族彼此的文化生活和心理认同实现了互尊、互通及互融。比如，安南回藏之间通婚历来频繁，回族对藏族亲友、邻村藏族人家的生产生活互助真实而广泛。在日常的生活场景中，

第三章 生存策略:"藏回"族群的文化适应

没有什么民族边界阻隔彼此生产生活。在回族和藏族看来,"我们是一个村的,是邻居,是亲戚。"这样的心理认同都是最为真实和有力的。论及民族差异是,藏族对回族的认识多集中于"回族吃饭讲究,不吃猪肉,人死了不用棺材,和我们不同,其他都一样的"。而"藏回"的自我认同也仅此而已,对藏族的认识也多是"大多都一样,只是我们少部分有些特殊"。回族和藏族彼此的了解不是很深,大多对生活外层熟知,而宗教内容彼此简单了解。然而,回藏之间宗教的殊异,并没有拉大彼此的心理距离,在宗教生活中相互尊重,加深彼此感情。但凡结婚和丧葬,安南回藏都相互帮助,无论是回族还是藏族,家里有客事办理,都十分尊重回族饮食禁忌,均要另外筹办回族饭菜,藏族尽量帮助回族一些没有宗教禁忌的活儿,如宰牛、做饭、待客、抬死人、挖坟坑等。在丧葬上,安南回族严格禁止烟酒待客,藏族亲友都十分尊重理解,毫不侵犯,极为尊重。正是在这样的尊重和帮助下,回族对藏族的宗教文化也有所宽容和尊重。除去通婚原因外,在很多回族人家中自然对藏传佛教也尊重。他们亲如一家,既是同村人,又是亲戚,回藏之间的社会关系紧密相连,心理上的尊重认同也超越于族群文化边界的界限,也使得文化之间形成一定的相互融合现象。按照回族风俗办理婚礼和葬礼,渐渐喜欢回族食品,喜吃牛肉等也是回藏族两个民族文化互动的一种生动表现。

总体而言，安南、哈巴"藏回"族群的宗教文化实践呈现出文化多样性的事实。尤其是婚俗中的说媒、定亲、结婚几个婚姻程序，以及洒水、献哈达、烧香、跳锅庄等婚俗，完全是当地藏族婚姻习俗的翻版。仅是在招待客人时是宰牛，不食猪肉，藏族、汉族及其他民族也十分尊重"藏回"的饮食习俗。可以看出，在同一狭小空间里，在日常生活与喜庆时节的时刻里，密切的生产生活交往，错综复杂的族际关系网络，使得安南"藏回"文化习俗的族群边界变得模糊。然而，在生命终结的仪式时空里，"藏回"的丧葬习俗确排除了其他宗教的合法性，仅突显出回族文化及宗教神圣特征，构成丧葬仪式时民族边界的明晰化。哈巴"藏回"历史中对多元宗教文化的借用是实用主义理念的文化实践，说明其族群宗教文化认知的模糊，显现出族群整体对宗教生活的渴望，也成为之后伊斯兰教迅速复兴的解释依据。

第三节 "藏回"族群的文化适应

云南"藏回"族群的文化结构特征具有明显的文化适应特性，由此引出了我们对于"文化适应"（acculturation）的分析。"文化适应"，也称之为"文化涵化"，是文化人类学一个非常重要的概念，如果不能正

第三章 生存策略："藏回"族群的文化适应

确地理解文化的适应，我们将无从解释为什么人类文化会呈现多样性；如果我们不理解文化适应的过程，我们也就不能把握文化互动的实质。对于如此重要的概念，若不进行来龙去脉及其本质的分析，我们就难以真正理解人类文化的实质。文化的适应是双重的调适，即对自然的调适和对社会的调适。文化适应的双重性乃是文化的根本属性之一，人类社会的发展也只能在这双重适应的辩证统一中求得平衡，无论谁以任何形式和理由在文化调适的双重性之间有所偏废都将是人类社会的灾难。[①] 一个民族对自然环境的选择总是显得无能为力。一个民族的"文化适应"对社会环境的应对并不是被动的，而是在其相互作用的历史过程中，无不体现出民族成员的积极努力和自觉实践。

具体就云南"藏回"族群而言，其形成是伴随回族移民和藏族长期频繁的文化生活交往，回族对藏族社会生活及文化的积极适应结果。我们所称谓的"藏回"从文化结构看，受藏文化影响较大，主要体现在日常经济生产方式明显的藏族农牧结合性经济生产，经济生活中与牦牛、酥油、青稞等结成密不可分的关系。语言、服饰、建筑文化上也几乎与藏族一致，仅能从房屋的局部特征上才看得出回族的族群性。如中心镇部分村寨中房屋上没有插经幡的人家为回族，哈

---

① 罗康隆：《论文化的适应》，《吉首大学学报》（社科版），2005年第2期，第67页。

巴、安南回族人家中多不设藏传佛教经堂，而多在火塘正方贴有"恩主福禄"或"主圣护佑"字贴。

可以推断，迁徙来藏区的回族移民面对强势的藏族文化时所做出的选择就是"入乡随俗"的主动适应。一方面对藏区自然生态环境的积极适应，饲养牦牛，种植青稞小麦，盖藏式木房；另一方面对藏族文化的积极融入，进而发生文化的地方化转变。他们讲藏族语言，穿藏族服饰，居住和饮食也同于藏族，其原因是为便于生活需要，适应藏区环境；通过血液融合，他们与藏族相互通婚以此解决民族人口延续问题，形成族际通婚圈；与藏族进行密切的经济往来，并结成亲密的友谊，形成民族互助联盟，结成相互保护的地方力量。几代人在藏族周围成长，他们耳濡目染，对藏族的生活和文化很熟悉，对藏族的感情一代代增强，藏族和回族两种民族文化共同融合为"藏回"文化传统。构筑起以藏族文化为显现的社会生活，藏族文化渐渐替代了传统回族文化，相比回族文化则退化为族群的隐形文化。"藏回"族群所发生的文化变迁和文化适应是与中国回族的形成存在相似性，明显地表现为历史特性和文化适应性。"和合共生""和而不同"的文化变迁和文化适应模式在"藏回"特定的历史时期和现实生活中的得以再次实现。

"藏回"的文化适应是自然适应与文化融合的双向调适。自然环境的适应是遵循自然法则，相对应的是被动的调适。而文化的适应则不同，它是一个社会调

第三章 生存策略:"藏回"族群的文化适应

整的过程,同一文化下的人们可以对适应进行探讨、进行沟通,然后达成默契,共同为适应的完成尽一份自己的力量。因此文化的适应可以在人的主观能动性支配下,有意识地淘汰不合适的内容,创造适合的内容,并取得全社会的基本一致,从而实现对环境的适应。在"藏回"的文化适应过程中能够清晰地看到群体对于新文化采取了多样性的文化选择,从文化结构上整体趋向于当地藏族文化生活模式,语言、服饰、建筑、娱乐、生产的全方位文化适应。而在宗教信仰方面出现地域差异和个体差异,对伊斯兰教丧葬及节庆习俗保留传承则说明了与藏族文化保留一定的文化边界。

进入云南迪庆藏区有着相同族源及共同历史记忆的"藏回"族群,在逐步迁徙定居于云南迪庆高原藏区后,积极适应藏区的生态环境,从而在生产方式、生活方式上做出主动的文化调适和自觉的文化适应,尽管在民族认同上大部分"藏回"仍认同自己是回族,但在语言、服饰、风俗习惯甚至宗教信仰形成了有别于回族主体文化群体的亚文化特征。[1]"藏回"文化适应的内容显示出其文化结构内容和心理认知的层次差异,生产生活的实用、语言结构的整合、宗教信仰的多元、族际通婚的普遍、族群边界的模糊等特征成为

---

[1] 李志农、李红春:《藏彝走廊"藏回"文化特征探析》,《广西民族大学学报》》,2008年第6期,第18-19页。

其文化适应的具体表现。

一、生产生活的适应

文化是一个民族对周围的自然环境和社会环境的适应性体系，文化是人类适应客观环境以求生存和发展的手段，当人们面对的客观环境改变时，或主动或被动，或有意识或无意识的文化与自然的互动或文化对自然的适应就会毫无疑问地随之展开。从文化生态学的角度而言，适应的过程是使一定规模人口的生存所需与其生活环境的供应潜力之间得以建立起一种动态的平衡关系过程。"藏回"与其他族群一样，受地理自然条件的制约，首先是对维持生存的生计方式进行必要的变更，为适应迪庆高原特殊的生态环境，进入云南迪庆藏区的回族，与当地的藏族一样，通过自我和他文化的调适，形成了一整套与自然环境良性互动的生产生活方式，浓郁的藏族经济生产方式与整个藏区的经济文化类型相一致。伴随民族经济方式的变迁，由此形成了相应的民族文化变迁，在和谐族际交往和生活互助的作用下，藏区回族的生产生活方式最终形成了兼有藏、回民族的特征，对藏族文化的积极吸纳，保留回族固有的文化特征，从而实现了两者有机的统一。

在生产方式上，迪庆"藏回"也与藏族一样，从事农、牧、商三业并举的生产方式。在农业方面，迪庆高原的主要农作物有玉米、青稞、小麦、马铃薯、大麦、荞麦、蔓菁等。在畜牧业方面，饲养的牲畜主要有牦牛、犏牛、黄牛、马、山羊、绵羊、骡子等。在生活方式方面，迪庆"藏回"与当地藏族并没有太多的差别。在住房上，居住于坪坝的多住碉式房屋，居住于山区的多住木楞房，一般为正房两间，一间为伙房，一间为卧室。为适应高原冬季寒冷、夏季多雨、昼夜温差大的气候特点，其正房正中内均置有火塘，通常彻夜不熄，用以做饭、煮茶、取暖等，而在火塘四周铺床而寝。在日常饮食上，除忌食猪肉外，和当地藏族一样，以青稞、小麦为主粮，喜食糌粑、面食，通常一日三餐都喝酥油茶、吃酸奶渣、奶渣豆腐等，在节日期间和藏族一样做藏式食品；在服饰上，年轻人平时喜穿现代服饰，年老一些的"藏回"男子平时喜欢穿藏袍，戴毡帽，挂藏刀，一些老年女性均穿藏式长衫外加花边坎肩等；在姓氏上，迪庆"藏回"都有藏名和汉名，老辈还有请阿訇取经名。

二、语言结构的整合

语言，作为是文化传播的最基本媒介，是民族传统文化的传承以及民族认同重要内容和依据。双语的习得者如何在第一语言习得的基础上习得第二语言及其文化，并在两种语言及文化之间实现无障碍交替使用，是对两种或多种不同文化认同的一个重要事实。

迪庆藏区回族的语言以藏、回两个民族语言为主体，并整合多个民族语言成分，正是体现了在文化接触、融合中以文化认同为心理基础。以藏文化为主的强势文化对处于相对弱势的回族文化的渐入，同时也表征了族际文化的相互涵化现象在语言层面是比较易于发生的。

在上个世纪八十年代，香格里拉"藏回"基本上说藏话，不懂或不通汉话。三坝区安南回族因为从县城藏族聚集地方迁来，加之与藏族杂居，所以能够讲流利的藏语和汉语，引人注意的是安南回族内部的日常交流用语依旧是藏语。而兰家村和龙湾边回族平时讲汉话，藏语的熟练程度随年龄而不断减弱，老年还会一般对话，中年只知道部分藏语词汇，年轻人逐渐完全不懂藏语了。其中哈巴"藏回"由于居住地有纳西族和彝族，因而在交往中，他们也学会了一些纳西话和彝语，往往是汉话中夹杂着不少藏话、纳西话和彝话。多年之后，在迪庆"藏回"族群中双语或多语现象并没有太大的改变，除年轻人会讲汉语的比例增加外，往往仍然是汉语中夹杂着藏语或藏语中夹杂着汉语，特别是一些日常生活用语则完全袭用藏语。在三坝纳西乡哈巴村的龙湾边和兰家村两个自然村的"藏回"，由于在迪庆藏区中甸中心镇和三坝乡的安南村等藏族聚居区中生活了150余年，其语言为藏话。在大约150年前从安南村迁入纳西族、彝族、藏族聚居地哈巴雪山下的兰家村和龙湾边定居下来后，其使用在日常生活中的使用比例才开始逐步下降。我们在最近的一次对村中老人语言使用的调查中发现，其藏语仍然占日常用语的百分之四十五以上（仅限使用者），在年轻人中几乎使用汉语，藏语使用于生活日常物品的名称指代，也包括部分纳西语和彝语。另外，由于哈巴村的"藏回"其祖先大部分来自陕西和山西，因此在语言中仍使用着有别于云南汉语方言，有陕西和山西汉语方言，这些方言在云南其他回族内部都没有，而与陕西方言则极为吻合。

三、宗教生活的多样

多种信仰并存的安南"藏回"　　安南"藏回"家的煨桑香炉

贴有门神的安南"藏回"房屋

雪域心灵的回归

在上个世纪八十年代，在整个藏区的广大回族群众无论老少都知道自己是回族，不吃猪肉，信仰伊斯兰教，但对伊斯兰教教规和教义都不懂了，只有个别的回族反映了信仰上的双重性。[1]但是，在最近的多次调查中我们发现这一状况发生了很大的变化，除了哈巴村的龙湾边村和兰家村在云南沙甸和纳家营回族的帮助下走上了伊斯兰文化传承的道路外，在迪庆藏区大部分至今还自称为回族的人群中，都不同程度地出现了本民族宗教意识衰退和宗教文化双重性的特点。如在德钦县升平镇的36户170多人的回族中，只有十多户信仰伊斯兰教，而经常去清真寺礼拜的只有三人。而在相当一部分没有改教的回族族群中，大部分都是既信仰伊斯兰教也信仰藏传佛教，甚至出现了在一个家庭中多种宗教信仰并存的局面。德钦县升平镇的大部分回族，既与其它藏族一样初一、十五到喇嘛庙里煨桑磕头，参加活佛摸顶，也在每年农历八月十五到太子雪山朝圣祭山，清早煨桑、烧香祈平安。而在每家每户都贴有红色纸条幅，上书"主圣护佑"。另一方面家中摆有佛像、班禅画像、菩萨塑像等。有些做金银器的回族，在柜台正中供有藏传佛教菩萨，右边供金匠的祖师像，左边同时挂有"主圣护佑"条幅，三边都是香火缭绕，酥油灯光影闪烁。这样的日常生活场景在哈巴、安南等藏回村落里也能够看到，其中除

---

[1] 马维良、王运方：《迪庆藏族自治州回族调查》，1985年。

哈巴村于2000年的伊斯兰教宣教工作后废弃了其他宗教生活，安南村至今仍有多元宗教信仰共存的状况。"藏回"精神生活中表现出不同宗教并存的事实，主要因为其族群对自身民族传统宗教文化和他族宗教文化的模糊认知，仅仅出于实际生活需求的实用主义考虑（如遇久治不愈的病症）及婚姻（族外婚）的影响。

四、族际通婚的普遍

对笃信伊斯兰教的穆斯林群体来说，婚姻上严格实行一夫一妻的族内婚制，遵循"准进不准出"（要求其他民族对象皈依伊斯兰教）的原则，也就是说，回族男子可以娶外族女子为妻，回族女子也可以嫁给外族男子，但都要求外族必须改口不食猪肉。但是，作为人口规模较小，以少数者身份进入，且所处的人文、地理环境又相对封闭的"藏回"族群，族内通婚与实际不相符合，已不成为主要的婚姻方式，不得不使他们与藏族或其他民族通婚。在迪庆藏区，回族一直和藏族保持着传统的婚姻关系，特别是中甸县城、德钦升平镇的回族和藏族通婚更为普遍，有的家庭保持了几代的回藏婚姻。[1] 在藏化程度最严重的德钦县，一半以上的回族与当地藏族有亲缘关系既是一个家庭

---

[1] 丁明俊、周爱华：《云南迪庆藏化回族调查报告》，《回族研究》，2006年2期，第74页。

内部都是回族,女儿也可能嫁给藏族,儿子也有可能娶藏族媳妇。几乎每户都有藏族亲戚,回藏通婚率甚至达到了百分之五十以上。[①] 香格里拉"藏回"的族外婚一直成为族群婚姻的重要内容,中心镇和安南村的回藏通婚极为普遍,使得回族文化不断朝着藏化趋势发展,并影响着族群认同。因此,族际通婚已成为迪庆藏区回族藏化的最主要原因和表现。

五、族群边界的模糊

"族群"是在二十世纪三十年代才在西方人类学界兴起的新型概念,是指一个有一定规模的群体,意识到自己或被意识到其与周围不同,"我们不像他们,他们不像我们",并具有一定的特征以与其他族群相区别。这些特征有共同的地理来源,迁移情况,种族、语言或方言,宗教信仰,超越亲属、邻里和社区界限的联系,共有的传统、价值和象征,文字、民间创作和音乐,饮食习惯,居住和职业模式,对群体内外的不同感觉。[②] 但是,族群的社会和文化实际是一种不断变化的动态发展过程,随着人口迁徙、族际通婚、宗

---

① 丁明俊、周爱华:《云南迪庆藏化回族调查报告》,《回族研究》,2006年2期,第74页。

② 参见 Themstrom, Stephan, ed., Harvard Encyclopedia of American Ethnic Groups, 1980年。转引自周大鸣:《论族群与族群关系》,《广西民族学院学报》2001年第2期,第14页。

教信仰改变、频繁的经济文化交往等，族群的内涵和边界也处于不断的变化之中。进入迪庆藏区的回族，在藏文化和其他强势文化的包围下，一些人完全放弃伊斯兰教信仰而改信藏传佛教，其民族属性也随之变为藏族。例如在香格里拉中心镇的旺池卡村，原本是一个回族村，但随着时间推移，全村除一位80多岁的老年妇女还保留着对伊斯兰教的宗教认同和源于《古兰经》的食物禁忌外，其余"藏回"都彻底藏化，他们已没有对回族的文化认同，已经完全融合到了藏族之中；一些人正游离于藏族和回族之间，仍然部分保留着部分回族的文化特征，但在对回族的心理认同已日渐淡化，极有逐渐演变为藏族的趋势。例如在安南村，80%的"藏回"能够在毫无语言障碍的情况下和藏族自由交流，每家每户都有藏族亲戚，在生活习惯、民族服饰、民族节日等文化外貌上也与当地藏族没有什么区别，只有部分回族在某些方面仍保留着某些回族的部分宗教禁忌和习俗，如不吃猪肉，不养猪，每年都要为家里的亡人做纪念，并请人颂《古兰经》，人死后得按回族的传统礼俗进行安葬，死者家要炸"油香"散发给送葬者，要请阿訇念经下葬等，但是，这些带有回族核心文化内涵的文化因子也日渐式微，迪庆"藏回"与当地藏族的族际边界也越来越模糊。

除以上两种情况外，另外部分"藏回"的宗教文化和民族认同则发生了向回族传统宗教文化的"回归"。如居住在三坝乡哈巴村的回族族群，由于受到文化的影响和来自其他地区回族的帮助，自 2000 年以来，原本回族意识几乎消失殆尽的哈巴村"藏回"出现了伊斯兰文化传承的浪潮，群体表现出完整的伊斯兰教文化特征，男子戴白帽、妇女身着藏服头戴盖头，婚礼、葬礼仪式严格按照伊斯兰教的规定办理，村民们力行宗教功修。但是，在语言、饮食、生产方式、妇女服饰等方面仍旧保留藏文化特征，说明"藏回"族群文化特征已经结构化，多元民族文化的共存并不以传统民族文化的重建而发生颠覆，也证明了族群文化变迁和族群认同之间的差异是可以弥合的。

第四章

寻根心路:"藏回"族群的文化变迁

在生活方式趋于一致后,人们在宗教、语言、艺术和文学这些方面反而更强调其独特的价值,随着外部世界更为相似,产生于内部世界的传统也更受到重视。[①]

——奈斯比特(John Naisbitt)

云南"藏回"族群因地理分布差异,族际交往程度的不同,其受到的文化影响也有所不同,文化互动

---

① 郭洪纪:《经济全球化与文化多元主义》,《青海师范大学学报》(哲学社会科学版),2000年第4期,第38页。

的结果也各异。因族际文化互动关系的差异，香格里拉不同村落"藏回"族群文化实现了不同的变迁路径。其中，尤以近期哈巴"藏回"族群以伊斯兰教传承为主要内容的文化变迁最为明显，其族群认同与民族关系受到文化变迁影响明显。与之相比，安南"藏回"族群没有发生伊斯兰教传承的文化变迁，但是对于回族文化与藏族文化的认同关系并不是稳定不变的。因藏化影响加剧，其民族、宗教的认同也彻底变更，由此呈现出"藏回"族群文化变迁完全藏化的另一特点。

第一节 哈巴"藏回"族群的文化变迁

2000年，哈巴雪山清真寺和香格里拉清真寺相继修建完工，此后一段时期里掀起伊斯兰教宗教信仰传承的高潮，完成了一系列的文化变迁。哈巴、安南及其他藏区回族身份的一个重要共性是，强调饮食禁忌即意味着回族身份的保留，这样的内部民族认同是一直存在的。但是，哈巴村在强调民族身份的同时，近期与外界穆斯林的交流过程中逐渐将宗教信仰纳入民族身份认同的一个重要内容，发生了整个村落成员对于伊斯兰教信仰传承的文化变迁。这一宗教意识强化的过程并不是哈巴"藏回"族群对伊斯兰教意识的自觉反应，有着一定历史偶然性。族群内部由学生上学吃饭问题考虑为由，逐渐发生回族饮食特殊性诉求、回族身份意识强化、回族宗教文化符号重拾、文化习俗调适的过程。

一、宗教意识的强化

（一）娃娃们的吃饭问题

哈巴村是香格里拉"藏回"人口最为集中分布的村落，虽然100余年的族群迁移过程中屡次受到土匪杀掠及政治迫害，伊斯兰教的宗教传承逐渐出现了宗教人才缺失、清真寺焚毁、宗教仪式淡化的局面。因为人口相对集中，且保持一定的民族内部通婚关系，所以哈巴村成为迪庆回族人口最为集中，且回族身份相对传承稳固，伊斯兰教认同相对集中的一个村落。哈巴"藏回"族群迎娶外族媳妇或招婿的族外婚，尽管对宗教皈依的教内婚原则并没有严格遵循，但是却特别强调饮食禁忌要求，强调"改口"，严格要求饮食习俗与回族一致。

追溯哈巴宗教意识强化的起因，最早"藏回"群体并没有提出对宗教恢复的要求，因为他们对伊斯兰教知之甚少。伊斯兰教传承过程中阿訇的缺失，宗教习俗及仪式的碎片化不断淡化了"藏回"族群的伊斯兰教信仰意识。日渐淡化的宗教传承使得年轻一代的"藏回"族群只知道自己是回族，不食猪肉，其他宗教教义与知识毫无所知。尽管这样的族群意识一直发挥着认同影响力，使得"藏回"在高度藏化过程中依旧能够未被完全同化。然而，这样的传承在近期遇到了挑战。尤其表现为父辈对儿女饮食要求的担忧方面。因为，以前的"改口"只是在婚姻方面，"藏回"有新的家庭成员流入或流出，回族人口相对平衡。然而在上学子女的吃饭问题面临着完全"改口"的危险。对子女们饮食禁忌的担忧，最终成为"藏回"族群长辈们强化回族文化与身份认同意识。

（二）重建清真寺

哈巴"藏回"村民以子女在校的吃饭问题为契机，触发了村中中年精英们对民族文化的思考。他们采取行动，很快组织人到昆明城区清真寺进行考察学习。在此之前，哈巴大部分村民对于清真寺的理解简单，认为回族应该与藏族有寺院一样，回族的宗教场所就是清真寺，而清真寺的功能却一无所知。很多村民谈到，在没有前往云南内地回族村寨之前，对清真寺的了解很肤浅，不知道清真寺是用来做礼拜的，他们大多仅知道清真寺是回族宗教的象征。从村民提出修建清真寺到清真寺建成，经历一些曲折的过程，从中能够看到哈巴"藏回"群体对于清真寺、宗教信仰、回族文化的认知过程。具体过程大致为：

> 1998年，哈巴龙湾边村村长杨仕林约兰家村村民到县政府反应，要求为哈巴"藏回"修建清

第四章 寻根心路:"藏回"族群的文化变迁

真寺,当时州县领导亲自来安抚村民,同时承诺批准修建清真寺,但资金量大,不能够提供,大部分资金需要自筹。在县领导的介绍下,村民得知,可以到回族经济发达的村寨进行募捐。在办理相关证明和材料后,乡、县领导专门派了两个人负责协助募捐事务,村民自发召开了村民大会商讨具体负责人的选派工作。全村老人倡议由杨村长带队办理筹集清真寺建盖资金。在结束昆明募捐之后,代表们决定继续南下到纳家营和沙甸这些经济比较发达的回族村募捐,而乡县负责人一致反对。乡县向州汇报情况,在村民的坚持下,政府还是同意他们的要求,并派了香格里拉县驻昆办的公车来专程护送村民。在纳古镇的古城清真寺,村民向古城同胞汇报了自己村子的经济和宗教情况,古城清真寺负责人表示,若是修清真寺他们可以资助2万元人民币。代表们当时并没有接受资助,因为清真寺还没有正式开始修建。他们继续南下来到了沙甸,村民代表抵达沙甸后,看到了清真寺雄伟肃穆,回族群众在清真寺里礼拜,当时才知道清真寺是用来做礼拜之用。沙甸地方的大清真寺、区政府、沙甸基金会三方在得知了哈巴回族的经济和宗教现状后,共同商议承诺,如果情况确切属实,便会无偿帮助村民修建清真寺,还承诺派遣阿訇教师帮助恢复教门(信仰)。哈巴村一行人继续在沙甸稍做逗留学习礼拜,掌握基本宗教常识,还走访了附件的建水、开远等多地回族村,参观学习。沙甸清真寺则组织考察团先前往哈巴做实地调查。沙甸方面在实地调查后,发现情况属实,首先决定帮助哈巴重修清真寺。沙甸清真寺、三坝乡政府、哈巴村三方负责人一同齐聚于龙湾边草坪,三方决议由乡政府负责办理修建工作的所有手续;沙甸联系玉溪纳家营清真寺及企业家,筹集资金负责所有工程费用;村民负责劳工,协助配合修建。当天,村组织宰牛,举办了第一次"圣纪节"(纪念伊斯兰教先知穆罕默德)。

在修建清真寺的同时,沙甸清真寺派了阿訇、教师和学生到龙湾边开办学习班,帮助哈巴"藏回"学习宗教知识。当时,村子有45个男女青年坚持学习1年多,其他村民几乎男女老幼则利用晚饭后闲余时间,集中学习《古兰经》、圣训(穆罕默德言行录)和其他伊斯兰教教义。清真寺修建期间,村民在一个临时搭建的小木房中集体礼拜,集中学习宗教知识。据村民回忆,当时大家都非常投入到宗教学习中,无论男女,每天学习的人很多,大部分男女成年人都到临时的礼拜堂礼拜,妇女都戴盖头。2000年10月,哈巴龙湾边村的香格里拉清真寺和兰家村的哈巴雪山清真寺两个清真寺分别修建完毕。

（三）教门复兴

清真寺在回族文化和生活中有着特殊的影响力。安南历史上一直建有清真寺，在多次的战火中，清真寺不断被焚毁，又被重修。据调查了解，或许是人口少、财力不支的原因，安南"藏回"在遭遇土匪劫掠再次返回安南后，当时就没有修复清真寺。虽然哈巴"藏回"刚定居哈巴村后在今天龙湾边村龙湾坪修过清真寺，但是在"文化大革命"时清真寺被毁坏。

通过重建清真寺，哈巴"藏回"群体对于回族传统文化及伊斯兰教宗教知识有了进一步的了解。在此过程中可以看到，村民们对于回族文化与宗教的认识并不同步。一方面，凭借对饮食禁忌要求的强调，最初哈巴"藏回"对回族文化与伊斯兰教的关系并不清晰，从主观意图考虑，清真寺的重建仅为获得回族文化象征物，强化回族身份的认同意识；另一方面，借助修建清真寺，重拾伊斯兰教信仰，哈巴"藏回"群体对于回族文化与伊斯兰教的联系与区别有了基本的判断力，宗教信仰的强化并不是群体最初所期盼的。当时，村子里的老人们只是希望我们子女后人不要变成其他民族，要做回族，其他没有想过。现在教门恢复了，很多规矩了，这样的结果超乎很多人的预料。大家当时只是想做回正宗的回族，而不是穆斯林。[①]

[①] 2005年对兰家村枣国红的访谈记录。

可见，哈巴"藏回"族群对回族传统文化的清真寺的修建成为哈巴"藏回"伊斯兰教传承的一个历史节点，在其后的几年里，沙甸、纳家营等地回族同胞通过派遣教师对村民的宗教教义进行了持久的帮助。哈巴"藏回"的宗教意识强化是对回族文化的一种向往与渴求，村民们普遍认为回族的文化主要源自伊斯兰教。回族应该有自己独特的文化内容，阿拉伯语、清真寺、不食猪肉是回族认同的重要象征和标志。由于，很长一段时期伊斯兰教在哈巴"藏回"社会生活中的消失，没有清真寺与阿訇，与内地穆斯林回族群众的交往也一度中断。很多老人只是隐约记得孩童时见过大人礼拜，而自己却没有传承其他的伊斯兰教教义。大部分村民到内地的纳家营、沙甸参观之前都不知道清真寺是用来礼拜的，也没有礼拜过，甚至不知道伊斯兰教是什么，不知道崇拜真主等基本的教义。

在"藏回"族群的历史中，哈巴和安南都建有清真寺，有阿訇和海里凡。经堂教育一直存在，直到"文化大革命"才终止。"文化大革命"结束后，因为阿訇、海里凡宗教人才的断层，所以影响到"藏回"族群的宗教传承，逐渐出现了伊斯兰教信仰淡化。作为族群认同中重要的阿訇培养是"藏回"回族身份的重要标志，伴随宗教意识强化，哈巴对于阿訇的培养也逐渐得以恢复。

哈巴培养的阿訇及海里凡如下：

第四章 寻根心路："藏回"族群的文化变迁

第一批：1932年6人师从德钦升平镇阿墩子马民胜（3年）

龙湾边：杨国玉、杨阿洪、枣七二、杜阿康

兰家村：兰福贵、杨阿合

第二批：1945年6人师从大理喜洲阿訇（1年）

龙湾边：杨永康、杨永正、杨永安、杨尚恭、兰美成、崔贵芳（猝死）

第三批：1986年5人师从大理洱源三枚村王正邦阿訇（3年）

龙湾边：杨仕昌、杨国东、杨丽强、杨成凯、兰文忠

第四批：2002年6人到沙甸基金会阿拉伯语学校进修（2年）

龙湾边：枣国红、杜云忠、杨红光、曾丽芬（女）

兰家村：杨东、兰思月（女）

第五批：2003年15人到沙甸基金会阿拉伯语学校进修（2年）

龙湾边：杨红盛、杜云灿、兰雪伟、兰雪琴（女）、杨绍珍（女）、杨艳（女）、杨仕美（女）、杨仕梅（女）、枣云芬（女）、杜云香（女）

兰家村：杨虎成、杨仕诚、武成志、兰卫平、兰翠花（女）

二、文化变迁的内容

随着民族意识的增强,哈巴"藏回"新的一代对于民族(回族)文化象征的清真寺认同强化,着手重建早已毁坏的清真寺。在云南红河、玉溪、大理等地回族群众的资助下,2000年10月哈巴两个清真寺修建完毕,分别为龙湾边村的"香格里拉清真寺"和兰家村的"哈巴雪山清真寺"。宗教的变迁是"藏回"文化变迁的核心,也是引发一系列文化新调适,在宗教迅速得以恢复之后,"藏回"的文化生活发生了一系列的变迁。

香格里拉清真寺 　　　　　哈巴雪山清真寺

我们以伊斯兰教的恢复作为分界,通过绘制一个图表来简要对比文化变迁前后的具体内容。

伊斯兰教恢复前后哈巴"藏回"的社会与文化

	伊斯兰教恢复前	伊斯兰教恢复后
语言	很少的回族日常用语;曾使用藏族名字;通俗称谓较随意(或按老人年岁起名"六二""八二",或其他)。	新增使用伊斯兰教宗教日常用语(波斯、阿拉伯和汉语词汇),重视和普及宗教名字(穆萨、阿优布、阿里等先知名称)。

第四章　寻根心路："藏回"族群的文化变迁

续表

	伊斯兰教恢复前	伊斯兰教恢复后
服饰	结婚后的妇女都习惯穿藏族服饰，男子部分也穿藏装，其他穿汉装	仅是老年妇女穿藏装，所有妇女戴头巾，男性老幼都戴白帽
饮食禁忌	仅为不食猪肉	忌食猪肉、血液、烟酒、自死动物、凶猛动物及非清真食品
经济与消费	农牧型，不愿经商。没有过多的宗教开支。每家每年用于丧礼、婚宴的操办开支占主要	外出寻找副业，开始经商。宗教必需品和活动开支明显增加。但是对过去风俗的改革后经济开支较大减少，如孝布和烟酒开支每户一年可节约1500元以上
教育	注重国民教育。村附近有小学、中学	国民教育和民族教育（宗教方面）受重视。由新加坡穆斯林资助兴办了幼儿园
婚姻	遵循"准进不准出"的原则（不食猪肉）即可以同藏族、纳西族和汉族通婚	对于嫁入或迎娶到本村内所进行的族际通婚时严格按照皈依伊斯兰教的宗教仪式程序
宗教	保留回族丧葬仪式和死者祭日纪念方式"倒油"；开斋节。同时还在疾病治愈不愈时借用东巴教、藏传佛教、毕摩宗教等；没有清真寺，伊斯兰教知识缺乏，只有极少的阿訇	唯一信仰伊斯兰教，全面地实践伊斯兰教的宗教功修及教义，并将之在生活行为中具体规范；修建清真寺，培养村内阿訇和海里发
节庆娱乐	开斋节、圣诞节（称为"众人好事"，1951前存在）、中秋节、火把节、端午节、春节；藏歌舞、麻将、扑克等	开斋节、圣诞节、古尔邦节、春节；终止藏歌舞、麻将、扑克等娱乐

151

续表

	伊斯兰教恢复前	伊斯兰教恢复后
族际交往	和纳西族、彝族、汉族有密切的经济往来，日常生活中生产互助，存在婚姻和朋友交往。人际往来限定于地域狭小空间	同周围的纳西族和汉族仍然有密切的经济往来，但是在日常的生产和生活活动中与其他民族的交往越来越稀少，关系也逐步减弱，甚至因为在宗教上的差异导致与其他民族亲戚和朋友的隔阂（如表现在丧礼上不发孝布、禁止哭丧、不接纳烟酒礼物方面）。人际往来打破地域限制，国内外的穆斯林时常往来其中
社会秩序	本族村子没有而在其他村有打斗事件，赌博、贪酒、年轻人四处闲荡现象盛行	禁酒、禁赌，没有闲荡青年，内部人际关系更加和谐，社会更稳定
社会组织	村社机构、家庭	家族和清真寺势力逐渐增强

多族际的哈巴龙湾边街子　　　　做礼拜的哈巴妇女

宗教恢复后，哈巴"藏回"的服饰有了新的变化，男子全都戴白帽，女子都戴盖头，全村上下宗教气氛很浓。向回族传统回归，村民渐渐改革了许多不符合

第四章　寻根心路："藏回"族群的文化变迁

伊斯兰教的风俗，哈巴"藏回"村变成很传统的回族村。

| 新培养的哈巴"藏回"阿訇 | 兰家村阿訇 |

从上面的表格可以发现，哈巴"藏回"的文化结构表现为两个特点：其一，回族在接触藏族文化后，借用其文化成分，适应了藏族地域特征，变换了回族的原有生活方式，将语言、服饰、房屋建筑、饮食等与生活密切相关的藏族的生活方式在自身民族内部进行了全方位的积极适应。即是说，藏族文化成分融入到回族文化内部主要停留于生活初级形式层面上，是对一些生活习俗的借用。其二，影响一个群体社会保持原有传统文化特征的社会结构中，婚姻制度和宗教信仰是最为主要的两个因素。在不同时空场域里"藏回"一方面进行文化适应，另一方面则固守族群认同，即在构成民族认同意识核心的领域是不易变更的。

三、文化变迁的原因

将文化本土化的理论运用于云南"藏回"社会和

153

文化史的分析，我们知道其文化形式和内容中所表现的藏文化影响较为明显，藏、回二元民族文化特征共享共存是文化与族群互动的表现。此外，"藏回"族群文化习俗中还包含和吸纳了纳西、彝和汉等其他民族的一部分文化因子，进一步显现出族群对于多元文化适应、整合与变迁的过程。这样的结果是两者持久接触，最终整合形成的，在族群文化、族属身份、族群意识等层面的影响是深刻和稳固，尤其表现出对藏文化中的语言、服饰、生产等一系列的生活风俗的高度认同。在身体健康、财产保护等精神满足上存在向其他民族精神信仰的趋向，仅是发生文化成分的接受，但是却没有进一步的适应整合，所以这些文化因子的借用是片面和短暂的，说明这些文化因子最终没有真正融合到"藏回"社会生活中。可见，在"藏回"形成的一个多世纪的历史里，两个民族，两种文化间始终进行着文化的选择和变迁，藏、回的二元文化共享共存特质是"藏回"族群文化的一个基本结构，但这一结构并不是稳定不变的，伴随认同意识的作用，其发生文化变迁的结果也是不相同的。

作为族群社会的一种意识形态，认同观念不仅产生与其他族群进行区分的作用，还决定着族群社会结构、文化内涵、利益分配，以及个体的行为和观念。论其族群意识在族群发展中的作用，从作用的范围和对象的形式上划分主要有群体和个体两个层面。就群体作用而言，族群意识对于族群社会整体而言可以起

第四章 寻根心路:"藏回"族群的文化变迁

到社会组织与调控的作用,即起着社会控制、社会生活事物决策、集体共识、群体社会象征、符号、意义方面的规范作用;个人则表现为服从、维护、遵守群体共同意识所赋予的行为和思维,通过这样的内化过程使得整个族群成员达到对自身文化的自觉。外延性的族群意识作用具体可表现在族群关系、族群边界的延续、经济生活往来、政治地位分享等现实行为中。另外,从族群意识作用于族群发展的现实效应上来看,族群意识对族群发展起到双刃剑作用。即族群意识的强化带给族群社会更为有序的社会控制,使得个体行为高度一致,利于族群整体进行经济、政治和文化上的协调发展。反之,对外族群的即得经济、政治和文化地位和权益产生出了忽视、蔑视、否认、拒绝,甚至是仇恨的认识,很容易走极端等。

具体聚焦于哈巴"藏回"的族群意识,其发生的社会文化变迁过程的主要作用属于内化性质。即族群意识起到的作用是将哈巴"藏回"社会原来的失序调适为稳定和有序,实现对回族传统文化和伊斯兰教回归的功能,而外延的作用目前来看还不明显。从对哈巴"藏回"的调查分析来看,"我们是回族"这样的族群意识在"藏回"的历史上是从未变更的。即使在他们遭到杀戮迫害时也没有动摇的,而在"文化大革命"时期政治压力下,加速了哈巴"藏回"向其他民族的同化。尽管,此时期的回族族群意识发生动摇,但是并没有发生完全藏化现象。通过族群原生论分析哈巴"藏回"族群认同事实,借用社会结构理论对哈巴"藏回"族群认同和文化回归的原因进行解释,能够加深我们对族群意识和社会结构在族群认同与文化变迁中的理解。

(一) 原生性身份认同

在众多的族群理论中,"原生论"认为族群是人类社会的一个基本的单位,语言、宗教、种族、土地等"原生纽带"使这些自然单位获得内聚外斥的力量和根据。[①] 环顾当今,世界各国族群意识普遍高涨,不同的族群共同体弱化了自身族群社会组织结构、经济体系、族际交往方式、行为模式,族群性差异日益变得不明显。然而,在族群心理、族群价值认知、族群认同等层面却明显得到强化。为争夺族群利益,以族群文化保护和族群话语为目标的意识行动不断展开。结合原生论的解释,"藏回"的文化外层结构与原生构成要素较为接近,按照这一理论语言、种族、土地等所结成的"原生纽带"使得族群获得内聚外斥的力量和根据,从而有了自己的归属和中心。极端的"原生"理论常常将这些族群用来进行与其他族群识别和区分,无论是族群还是个人,都不过是基因的载体,某个载体的消亡并不意味着它所承载的基因的消亡,因为基因会被复制到其他的载体之上,这些载体包括同代,也包

---

① 纳日碧力戈:《现代背景下的族群建构》,云南教育出版社,2000年10月第1版,第45页。

第四章 寻根心路:"藏回"族群的文化变迁

括下一代。①,他们的基因特征直接形成了历史上对族群认同的结果的一致性。

我们发现,在"藏回"传统文化系统或是原生结构中,对于历史记忆的认同意识是较为稳固的,其所形成的族群凝聚力也是清晰可见的。哈巴"藏回"族群的文化回归,佐证了族群自我认同具有明显的"原生"特征,成为族群认同原生论解释的一个鲜活案例。哈巴"藏回"深受藏族影响,具有同藏族一样的经济文化模式,这一模式较大程度上背离了主体回族的文化形貌和特征。然而在历史记忆中"藏回"的传统族群文化发生较大程度的弱化和隐化,但始终没有消失殆尽。也就是说"原生纽带"的各个支点还彼此联系,其结构还依然存在,其影响力还伺机待发,这成为促动"藏回"向回族及文化回归的重要前提。

哈巴"藏回"长期在族群内心中保留着回族的自我认同,而周围的藏族、纳西族、彝族也给他们异于自己的称谓"藏回"来区分。也就是说一个族群可以借用其他族群的特征来表达自己的感情和认知,照样划分出和其他族群之间的"边界"。② 在云南回族的诸多族群中还有像"藏回"一样因为原生族群认同纽带

---

① 纳日碧力戈:《现代背景下的族群建构》,云南教育出版社,2000年10月第1版,第49页。

② 纳日碧力戈:《现代背景下的族群建构》,云南教育出版社,2000年10月第1版,第51页。

导致向回族文化回归的多个族群个案。[①] 一个族群的"原生"特点可能已经丧失殆尽，但是它的成员却仍然保留强烈的族群意识。[②] 历经百年的回、藏文化互动，最终孕育出"藏回"族群的文化结构，而如今哈巴"藏回"族群则发生了向回族传统社会文化的恢复重建。推动这一回归的原因应该来自族群内部和他者的双向认同，因为认同不仅是族群自我认同，更重要的还是他者对自己的确认。

哈巴"藏回"的民族意识强化是经由民族意识中对回族文化的复建而发生的，这一意识中明显地表现出对"回族化"的渴望。祖辈历史记忆中对回族历史的口述，村中长者对于清真寺、阿訇宗教场景的片断式回忆都是族群意识的具体显现。这些碎片化的文化传统实现文化变迁。哈巴"藏回"深受藏族影响，有着类似藏族的经济文化，这一模式与主体回族的社会文化存在较大差异。虽然"藏回"身上的回族传统文化近乎消失殆尽，但是他们对回族身份的认同却始终是牢固的，回族称谓虽然作为一种身份称谓，但是却成为自尊和自信的最重要来源。原生论强调族群文化的某些因素犹如基因一般决定着族群认同的方向，而主观性的族群意识则巩固了这一方向。

[①] 云南的"彝回""壮回""傣回"近年来也发生了向回族的回归。
[②] 纳日碧力戈：《现代背景下的族群建构》，云南教育出版社，2000年10月第1版，第51页。

第四章 寻根心路:"藏回"族群的文化变迁

我们祖先是回族,来得很远,不是这里的。我们自然也就是回族。我们被藏化的很,不过我们还是知道自己是什么(民族)。就是不吃猪肉了,如果这个都没有了,我们也不好说自己是什么。虽然,我们和其他地方的回族有所不同,但都是回族,大同小异了,都不吃猪肉,死了要土埋,不用棺材,还要念经(《古兰经》),请阿訇打发(料理),还要做油香。这些都和回族一模一样。我们的身上始终还有回族的血,就该认得自己。我们的教门不讲究了,可心里还是知道的。老人们交代的东西我们是不敢乱来的,像做油香、埋死人的事我们都会按照老方法来干,这样做才符合回族的规矩,也才对得起人。我们都不会念经,也不礼拜,老人小孩都不会。但老人从小告诉我们和其他人不一样的,不能吃猪肉,死了也不一样。有这些我们就是回族了,和其他人还是不一样的。反正,长辈怎么说,我们就怎么干,知道自己是什么,有什么讲究,就对了。我们的想法是,知道我们是什么就够了,其他的不重要。很多人,小时候就没有见过礼拜什么的,也没有阿訇,不过没有什么的,反正我们就是不一样,特殊些。

"藏回"村民的告白很明显地透露出原生性的意识特点,"我们就是不一样"的意识决定了他们与周围族群划分出一条族群边界,"祖先是回族,我们自然也是回族""我们不吃猪肉,和其他回族一模一样"这样的自我认知并不单纯为血缘归属的种族认同,也不是文化属性的客观族群认同,而是显现为"既定禀赋"的原生特性。主观判断和族群集体意识的合力使得"藏回"对"回"的归属产生一种先天的身份认知力量,划分出族群边界,心理区隔,获得对族群身份的自信心。

(二) 原生性宗教回归

宗教是维系族群社会稳定和有序运行的重要力量,它既是人们的日常生活的规范和准则,也是一套社会组织的有效运行的机制。伊斯兰教作为一种世界性宗教,是系统性的宗教文化意义体系的,它不仅仅对信徒的宗教生活规定内容和赋予意义,同时在行为模式、处世原则、价值认知、思想层面上都深深地影响信徒。

从回族历史中可以知道,回族是伊斯兰文化的载体,伊斯兰教则赋予了回族重要的精神内涵与文化意义。历史证明,回族与伊斯兰教之间的关系犹如血融于水,不可分割。如若没有伊斯兰教,回族是不可能形成和长期存在的,伊斯兰教赋予了不同回族族群彼此间加强认同和内聚的精神力量,宗教充满了内在的义务感:它不仅鼓励虔诚,还要求虔诚;它不光引发思想认同,还加强情感承诺。[1] 伊斯兰教是回族的生命

---

[1] 〔美〕格尔兹:《文化的解释》,纳日碧力戈等译,上海人民出版社,1991年1月第1版,第148页。

第四章 寻根心路："藏回"族群的文化变迁

源泉，在时空和族群交替的变更中从未枯竭。从回族的文化特征来看，除去精神信仰上的不同外，语言、文字、服饰、建筑、生产、伦理等方面均接近于汉族。生活于多族社会，面对强大的汉文化，与汉族社会密切的交往，回族文化始终面临同化危机。但是，回族没有被同化，究其原因与伊斯兰教关系密切。"和而不同""同而不化"是回族文化发展与民族关系的历史主线，使得回族在物质生活层面与汉族社会不断深化，形成密切的交往关系，同时保留伊斯兰文化，维系族群心理认知与族群边界。

回族与伊斯兰教的关联性对于回族认同意识的作用是持久与明显的，犹如"文化基因"一般产生出族群认同的凝聚力。伴随着哈巴"藏回"族群身份的认同巩固，其宗教也回归到了伊斯兰教。现今哈巴"藏回"族群回归伊斯兰教信仰，族群对于回族的意识增强，其回族宗教文化特征明显，与"教即是族，族即是教"的共识相吻合，宗教回归显露出原生性的原因。从当时到香格里拉县民宗局请愿修建清真寺的村民杨仕林的访谈中可以看得出，村民认为清真寺是回族的标志，自然也成为回族宗教的一个归属，还与其他民族予以区别，"当时我们村里没有任何的宗教场所，大家知道的是藏族有喇嘛寺庙，汉族也有道观、寺庙。老人们说，我们回族么自然就是清真寺了，所以才向政府要求建盖清真寺的。当时的想法很简单，是回族，我们文化经济生活上都和其他的藏族、纳西族差不多了,就只能是在宗教上不和别人相同,大家所知道的,就是清真寺。所以,大家选择了盖清真寺作为我们回族的一个标志并提出要求。"

从这一点上来看,哈巴"藏回"族群宗教的回归最初动机极为简单,并不是宗教意识强化后的集体意识反应。但是,可以看到,哈巴"藏回"族群对于宗教的族群差异是有着清晰的认知。哈巴"藏回"族群通过这一简单的集体宗教认知,凝聚成为族群宗教意识的共性,并迅速赋予行动与文化实践。伊斯兰教的重拾再次证明了一个族群的"原生"特点可能已经丧失殆尽,但是它的成员却仍然保留强烈的族群意识的论点。[1] 身份的意识强化,使得宗教历史并没有固存于历史记忆层面,而是促成宗教意识强化。同理,宗教意识强化再次显现出族群意识对于宗教实践的巨大影响力。在原生性族群意识的作用下,自然需要加快对母族文化的重建。正是通过回族身份的认同从蒙眬的历史记忆中萌发出清晰的民族情感和归属感,"族即是教,教亦是族"二元一体的回族意识,同样唤起哈巴"藏回"族群的民族认同,并发挥功效。

(三)社会结构的失序

对于长期受到孤立(区域)、分化(人口)、同化(民族格局)的哈巴"藏回"族群而言,宗教的回归

---

[1] 纳日碧力戈:《现代背景下的族群建构》,云南教育出版社,2000年10月第1版,第51页。

第四章 寻根心路："藏回"族群的文化变迁

无疑使村寨人们获得社会生活稳固的新动力。哈巴村民现在回忆五年前的村中社会风气时他们常常认为在"教门"（指伊斯兰教）没有恢复之前，整个村子赌博、喝酒、打架闹事的不良之风盛行，而将"教门"的恢复解释为"拯救"了哈巴所有人。这一宗教语境的解释是对宗教社会功能的一种诠释，旨在说明伊斯兰教对于村寨社会秩序与社会控制产生了积极的作用。面貌一新的村子社会秩序现今十分安定，的确，哈巴"藏回"社会风气十分良好。

毋庸置疑，伊斯兰教的回归对于哈巴"藏回"的社会稳定起到不容忽视的巨大作用，但是将哈巴社会的变迁，回归的完成仅仅归结为族群心理和宗教意识等族群原生因子的作用，那么这样的解释尚不充分。因为族群心理和宗教意识的解释只是造成族群文化回归的一般性原因，对回归的完成只是起着一种意识上的惯力，而造成哈巴族群文化回归的自身社会内因也是重要的和不容忽视的。这样迅速完成和有深入影响作用的信仰回归，引起我们新的思考：原生性的族群依据为何引发哈巴"藏回"族群的回归热潮，并持久发挥着作用呢？这就要将视角转向族群社会的历史痕迹与现实结构中，进一步分析其中的原因。

社会与文化变迁的整合：众所周知，社会自身有着整合协调全体与个人及文化与社会的机制。在回归前的哈巴"藏回"社会是处于失序的状态，原有的各种社会结构、组织及人际关系面临严重的松散，社会控制失效，人际关系不断偏离原先的亲属关系和互助交往。[①] 与其把这样的失序和混乱局面认为是社会结构瓦解和文化断裂的恶果，不如把宗教意识的复杂化和混乱看作是哈巴社会出现失序的根源。尽管，多元宗教对个体需求起到了及时有效的功效，但是混乱的宗教意识严重阻碍了群体意识的凝聚，进而成为导致哈巴"藏回"族群社会紧张的核心因素。哈巴"藏回"社会出现的种种混乱，正是因多种宗教意识介入到不同的生活领域里，出现了习俗变更、创新、冲突的不同结果，一时间形成个体宗教意识摇摆不定的状态。值得指出的是，宗教所引发的紧张和混乱并没有瓦解哈巴"藏回"族群社会原有的结构和形式，没有直接促成族群群体宗教向伊斯兰教的回归。因为大多数宗教的使用仅是为了治愈顽疾和避免不幸，所以各种宗教在哈巴"藏回"个体生活中仅是一种起到暂时慰籍人们心理受到挫折时的功能，它的运用是出于实用理性的考虑。同时，不同的宗教在哈巴"藏回"的生活中是和谐共存的，没有彼此对抗。追溯哈巴"藏回"社会紧张的根源，社会结构整合与文化整合之间发生断裂是最主要的原因。这种断裂并不会瓦解社会和文化，而是导致社会和文化的冲突或说是不适应。因为

[①] 这里主要指在婚姻上的外族婚姻延伸，村落人际关系淡化，没有很明显的生产互助和矛盾调解。

第四章 寻根心路:"藏回"族群的文化变迁

社会整合的失能而触发哈巴"藏回"族群社会变迁,群体萌发寻求重建村寨稳定秩序的新途径。此时,"藏回"族群选择了较为熟知的传统文化和宗教象征的文化变迁实践,使得哈巴社会整合作用实现新的平衡。与其说是伊斯兰唤起了哈巴人的激情,不如说是哈巴人重新发挥了伊斯兰的调适功能。

社会结构均质的"熟人圈":费孝通先生提出中国社会的差序概念,旨在说明中国社会内部存在着错综复杂的关系网络和文化传统,每一个体为核心向往形成不同的人际关系差序。与此同时,中国社会是一个注重认同血缘、地缘及亲缘的"熟人圈"社会。"熟人圈"所赋予的种种人际关系、地方传统、宗教信仰及社会舆论等,在不同的差序格局中发挥影响,与差序并存,形成另一共序。哈巴"藏回"族群社会具有社会结构均质的典型"熟人圈"特点,族群内部的社会关系网络深深影响着族群的社会生活与文化实践。哈巴"藏回"在没有稳固的传统组织和现代社会调控机制的基础上,完成了大规模的整体性的社会变迁,其中的重要原因是与族群内部一直保持着血缘地缘上的地方性调控密不可分的。[①] 哈巴的龙湾边村和兰家村同属于哈巴村,两村相距仅为三公里,加之两村人家几乎都有着血缘或姻缘上的亲属关系,彼此在频繁的

[①] 从云南大学组织的"二十一世纪中国民族调查"的《中国少数民族村寨的调查资料》中知道民族地区实际实现社会控制的主要力量是地方传统势力,这样的情况在中国现今也很普遍。

日常生活交往中关系是最为密切的。可以说哈巴"藏回"由于长期受地理交通不便的影响限制了他们与外界的交往，但是这样的不利条件却在很大程度上造成了两村人际交往关系密切的现实。

另外，哈巴"藏回"族群宗教信仰状况的均质特点，成为族群宗教意识达成共识，短期实现整合的一个重要原因。从历史上看哈巴"藏回"对传统的回族文化和生活传承有限，受到现代的物质文化生活的影响特别大，族群传统的文化不断流失，尤其是宗教方面。"文化大革命"时期的政治压力，使得族群的传统伊斯兰教宗教信仰早已不具备对社会和个人进行规范和社会性教育的作用。我们调查得知哈巴村年纪在60岁以上的老人对伊斯兰的教义知道的已经很少，仅仅停留在见过长辈做祈祷，知道不吃猪肉，埋葬死人时要念《古兰经》而已，而对伊斯兰教义几乎是一无所知。正是哈巴"藏回"不同年龄村民对于传统宗教知识的认识陌生和无知，所以在他们族群宗教的回归过程中没有受到来自社会其他方面的阻碍是容易理解的。我们认为可以将哈巴"藏回"的社会结构定型为均质的，他们不仅有着共同的地域空间，还有着共同的经济生活、社会交往、人口流动、文化模式、婚姻关系。当整个社会成员的共同意识到社会的变迁趋势时，社会的变迁方向一致，完成了快速和深入的变迁。

社会精英的文化驱动。在哈巴"藏回"这个小社会里社会分层是极不明显的，但是就现代职业分工的

第四章 寻根心路:"藏回"族群的文化变迁

不同引起的社会地位角色的差异而言在这里还是能够找到的。在哈巴的龙湾边村有着十余位从事国家机关和企业的离退休老干部,他们在哈巴所被认可的社会角色是我们现代都市里划分出来的"精英",因为他们有学历,有社会阅历,还有稳定的经济来源。正是这群所谓的哈巴"精英"们在看到哈巴村社会的严重失序时,他们最先走出哈巴向外寻求希望。他们到了云南红河和玉溪等地向当地的回族同胞求援,并说明他们极其希望得到帮助来恢复"教门",成为真正的回民。正是这样的努力,哈巴村得到了上述等地回族同胞的大力帮助,为他们修建了清真寺,并派遣专业宗教人员深入村中宣讲伊斯兰教义,使哈巴"藏回"走上回归路。

族群在共同体所有成员的意识层面赋予了一个异于其它群体价值、意义和符合的共识,这个共识是系统性的,它决定了族群个体的行为准则和意义。我们知道族群的意识是结构性的,这是由族群共同体处于对自身经济文化利益考虑所决定的,不同时期和经济环境生存压力的合力作用,使得族群成员及小群体产生了意识上的分层。哈巴"藏回"在族群认同和宗教上所完成的回归之路,与部分被藏族完全同化的"藏回"事实,正是对族群意识结构的层次性的最好佐证。哈巴"藏回"族群深受族群意识中回族身份确认和伊斯兰教的些微保留所构成的原生要素的持续作用,族群苦难集体记忆的族群认同凝聚,婚姻现实中内婚制血缘纽带维系的同质结构，共同促成了族群伊斯兰教宗教的回归。

第二节　安南"藏回"族群的文化变迁

安南"藏回"犹如藏族的一个分支，语言、服饰、房屋、生产、宗教、习俗等物质和精神方面的文化特征显现为藏族文化内涵，表现出语言及生活习俗的回藏共通性。藏族、汉族对与之毗邻共居的"藏回"族群也常常视为仅是饮食上不食猪肉的同胞兄弟，除去这一差异，"他们与我们一样的，没有什么不同。"相似的是，"藏回"对藏族的认同也一致，"我们生活在藏族中间，很多祖父或祖母都是藏族，我们也吃酥油茶，放牦牛，我们和藏族差不多，藏族和回族一半一半了。"安南村"藏回"人口不多，回藏杂居明显，藏、回、汉几个民族之间的通婚也极为普遍。在此基础上，安南村"藏回"家庭成员的身份确定显现出一个重要特点：一方面是出现子女容易变更为其他民族的结果，另一方面是家庭中往往对男性成员要求保持"回族根"或"油香根"，强调不能轻易变更民族身份，而对外嫁女性成员则没有严格要求。"藏回"女性往往因为外嫁他族家庭，饮食禁忌极易打破，族外婚的一个主要影响是儿女的民族身份易于变更。

第四章 寻根心路:"藏回"族群的文化变迁

一、回族身份认同的游离

安南"藏回"对藏族与回族两种民族身份及文化认同是并存统一的,这样的认同意识牢固存在于个体与群体之中。然而,这一文化认同模式并不是不可动摇的,总是会发生摇摆不定的情况。往往因为成年后选择结婚对象时,现实条件的限制往往不符合个人的意愿,面对狭小有限的通婚范围,但凡"藏回"成年女性外嫁他族,伴随而来的是饮食禁忌的打破,民族习俗的丧失,即意味着回族身份的隐化(姑且不说完全消失),甚至发生民族变更。而另一种情况则是"藏回"成年男子迎娶藏族女子为妻,没有正规的伊斯兰教皈依仪式,仅需在家"改口"尊重饮食习惯,很多时候只需在家里,回到娘家时或其他的场景里便可不遵守此禁忌。遵守饮食禁忌成为两个民族,两个不同文化背景家庭结合的首要文化条件。藏族女子嫁入"藏回"人家,仅需不吃猪肉便可自由融入其中,他们依旧可以信仰藏传佛教,可以自由出入娘家和亲友各种社交场所。"藏回"男子强调自身为回族,是对祖辈叮嘱的承诺,是对那些支离破碎族源记忆的坚信,是一种自我血缘模糊不清的族属确定。坚持认同为回族的"藏回"不是族群理论解释的典型案例,很难运用族群理论中工具论、边界论进行解释。因为他们大多不是政治利益中的主体,没有什么太多的政治资源可

169

供选择。模糊和易于游离的文化边界也难以解释安南"藏回"维持或流散的现实。相反，原生论和构建论（想象论）这一早被批判的族群理论似乎却能较好解释安南回族认同这一现实。宗教仪式、语言、传统文化等无疑构成了安南"藏回"对于回族认同的纽带和基础，犹如先天凝固于人体血液一般，不宜消失殆尽。虽然早已形只影单，支离破碎和功能失效。同时，"藏回"对于回族的牢固认同及传统回归，似乎已成为所有族群共同的生命历程一般。总之，对回族的自尊心，回族文化情感始终构成回族认同中最牢固基础。

将安南"藏回"族群认同的情况进行原生和构建理论的解释，是有着现实依据的。调查了解到，就回族认同这一交往核心内容而言，安南"藏回"族群中保持饮食禁忌习俗，认同回族身份的这部分人之所以能够在回、藏边界模糊的现实中，清晰归属认同于回族的原因在于"不能让我们的祖先埋怨我们，我们还是要留下回族的根"。因为"藏回"长辈家长极力要求儿女，无论男女至少有子嗣"一辈子做回族"。在现实中，如果家庭中有男性子嗣，必须遵循这一所谓的"家训"，安南"藏回"家庭中的男性子嗣很少变更为藏族或其他民族。每个"藏回"家庭都有一个后代是回族，这是对回族祖先的尊重。因为家庭长辈要求，祖先本家是回族这一简单的原因构成安南"藏回"保持回族身份认同的最重要原因。

在这一基础上，我们还发现安南"藏回"强化回族认同是通过对回族文化的传承，回族道德自尊心褒扬，习俗差异等方式来实现。例如，丧葬习俗里严格遵循回族习俗及仪式要求，强调了现实生活中可以同于藏族，但是死后必须回归母族，丧葬习俗的伊斯兰教特征没有变更，显现民族差异，划分出族群边界。再者，据安南"藏回"介绍，老人常常告诫子女树立对待生活坦然面对的人生观和世界观，"做回族是会有好的日子的，变了民族就会有不好的日子。"通过"藏回"内部历史中的真实事例来解释这一认知，进一步强化"坚持做回族会平安一生"的解释力。虽然，对那些变更为其他民族者的歧视态度不明确，但对自己恪守不变则表现为强烈的荣誉感和自豪感。

需要指出的是，安南"藏回"人家的标志是"恩主福禄"，这是回族认同最直观的表现形式，凡是家中有其字样，即表明该家庭为回族，保持饮食禁忌，反之亦然。由此可知，在构成安南"藏回"族群回族认同的依据中，主体性与主观性特征是明显的，认同现实中并没有充分的理性证据来支持，主要为主观臆断的道德和习俗。因此，由个体主观认知所实现的族群认同，没有划出清晰辨认的文化边界，也没有表露出现代经济和政治意识的驱使，却依旧实现了族群身份心理的殊异差别。尽管主观意识萌发的回族认同简单、琐碎和摇摆不定，存在着"族群想象"，但是其解释力却是坚固无比和真实存在的。正是这一原因的驱动，安南"藏回"族群中对于回族饮食、宗教信仰、身份归属等方面的认同依旧存在，最终演化为族群对于回族认同回族身份的原动力。

在回族社会中，存在一种"泛回"的文化传统，即视那些非回族者，通过皈依伊斯兰教被泛指称为"回"。传统上回族社会对于族属身份认同的一个重要来源是伊斯兰教，由此形成"族即是教，教即是族"二元一体的认同模式。这一族教合一的认同在回族历史和现实中既是学术界的主流观点，也是一个文化事实。但是，在回族身份认同如此游离不定的安南"藏回"现实中，不能将族与教相等同的，族教一体论来解释其族群的民族认同与宗教认同是不准确的。坚持回族身份的认同是伊斯兰教信仰的基础和前提，哈巴"藏回"族群的伊斯兰教重建是回族身份认同强化的一个重要文化实践，然而安南"藏回"族群的情况则有所不同。因为嫁入或入赘的藏族、汉族没有强制皈依伊斯兰教，所以安南"藏回"族群的伊斯兰教的信仰并不与族群身份认同相对等。

可以明确的是，安南历史上曾经是一个重要的回族村寨，因为银矿开采的兴盛，回族人口迅速增长，有着传统回族村落一样的社会文化特征，即伊斯兰教宗教氛围浓厚，修建清真寺，培养阿訇和海里凡。历史上多次遭受藏族土匪的劫掠和屠杀，面对群体生存危机的出现，多次举族迁徙。因回族人口分散和流动，经济生活窘迫不堪，传统的宗教文化难以完整传承。清真寺未能重建、宗教人才的缺失，伊斯兰教信仰处

第四章 寻根心路:"藏回"族群的文化变迁

于被肢解、残缺传承的衰落结果。1956年前,安南村还有阿訇,之后阿訇断层,宗教生活淡化趋势日益加剧。加之,"文化大革命"期间,"四人帮"肆意践踏民族宗教政策。在政治压力下,一部分回族被迫改口,宗教信仰则荡然无存。直到今天,安南"藏回"对于伊斯兰教信仰的传承仅停留于回族节日记忆,恪守入斋和开斋时每家须倒油,丧礼时倒油,严格按照伊斯兰教仪式举行水洗净身、棉布裹尸、土葬、诵经等。总体而言,由于特定的历史条件影响,安南"藏回"族群的伊斯兰教宗教生活日益淡化,更多将伊斯兰教视为民族风俗的一部分,宗教风俗化是一个较为明显的特点。

与回族身份认同的解释不同的是,安南"藏回"对伊斯兰教传承的解释没有形成群体统一的解释,主体性特点明显,但也并不随意。在安南"藏回"群体看来,不吃猪肉、按照回族方式埋葬、倒油、开斋节是回族风俗的固有内容,"做回族,就该这样"。尽管对神圣宗教知识的集体缺失,没有权威宗教知识的解释,但是安南"藏回"以严格遵守,继续传承地方性伊斯兰教知识为集体共识和自我表述,并凭借此种宗教习俗传承得以强化回族身份认同。这样的宗教习俗传承在安南"藏回"看来"不管怎样,做了做好这些老辈人留下的东西(风俗)就是了,就是回族了"成为族群心理认知的主观理解。在面对日益淡化的传统宗教信仰,以及对教义习俗解释的含糊不清,与哈巴有所不同，安南"藏回"并没有表现出危机感和焦虑。据了解，很多安南"藏回"对于回族传统文化知识还表示渴望，希望能够加强回族文化，强化回族身份认同，对于加强宗教功修、教义学习等方面的需求态度也不明确，却不愿强化宗教信仰。"我们想做正统回族，这是大家的想法，但并不代表要做穆斯林。"这是安南"藏回"族群对于回族与伊斯兰教的普遍理解，同时也是发生了伊斯兰教回归之后的部分哈巴"藏回"的一个内心的真实想法。对于早已习惯和适应藏族文化的安南"藏回"而言，如若选择恢复伊斯兰教，或许会对整个族群产生分裂影响。由此可见，安南"藏回"族群对于回族、回族文化、伊斯兰教的认知是有所区别的，他们普遍认为不同的民族之间的文化是没有明显的边界存在的，而宗教边界则是实实在在的存在着。同时，安南"藏回"族群对于回族认同的主观意识强化，认为意识层面的认同是关键性的，物质层面的文化表征并不是绝对的。

二、藏族文化同化趋势明显

长期与内地回族同胞失去交往联系，尤其回族传统文化中宗教知识代际传承的中断与宗教人才的断层，成为整个迪庆藏区"藏回"族群的伊斯兰教宗教文化不断淡化的重要原因。"同而不化"的文化借用与多元宗教共存维系着民族认同、族群边界以及饮食禁忌，

第四章 寻根心路:"藏回"族群的文化变迁

构成了"藏回"归属回族的心理认同依据。哈巴、安南乃至整个迪庆"藏回"族群的回族身份确认,以是否"改口"为判断条件,保持饮食禁忌者也成为自我认同及他者认同的主要依据。现实中,那些饮食上没有保持禁忌者往往直接变更自己的民族身份,完全藏化,融入到藏族之中。

相比之下,安南"藏回"日常风俗几乎与藏族一致,尤其是在婚俗的仪式内容和意义解释上更多表征为藏族婚俗文化特征。由此可见,"藏回"对藏族文化的认同程度。无论是藏族强势文化的压力,还是自愿对藏族文化的调适,安南"藏回"整个文化体系外部结构与内容的藏化特征十分明显。与此同时,"藏回"文化体系的深层结构和内容也明显地表现为对藏族文化的认同。安南"藏回"日常以藏语为主要的语言,藏族是母语,一部分回族有藏族名字;回族男女结婚时都要着藏族传统服装;每逢节庆之时,"藏回"与同村藏族通宵达旦地跳锅庄;在精神信仰上,安南"藏回"因阿訇、清真寺及伊斯兰教知识的匮乏,在保留伊斯兰教习俗的情况下,很难定论他们是不是穆斯林。尽管倒油、诵《古兰经》、大小净等仪式日益被肢解和误传,但是在家庭和村落回族内部严格传承过程中,一直显露伊斯兰教的一些踪影。

就宗教生活内容而言,安南"藏回"族群的信仰是多元并存的。大部分人都没有明显的宗教归属和自我认可,整个族群内部也没有形成主导性的宗教信仰。

现实中很多"藏回"人家的火塘旁的中堂处会看到伊斯兰教、藏传佛教及领袖崇拜共存的场景，往往粘贴有"恩主福禄"以及班禅、活佛、国家领袖的画像。多元宗教并存是安南回族宗教信仰的一个共性，究其原因，一是因为安南回族对多种宗教都没有深入的了解及信仰，多种宗教并存更多的是出于功利动机，认为凡是能够保佑家人平安和健康的宗教都是好的，都可以信仰；二是安南回族家中都有藏族女婿或媳妇，因为家庭成员的信仰背景，很多宗教信仰也随之存在于家中。安南"藏回"对藏传佛教的信仰整体上都没有藏族虔诚，回族人家也与藏族一样，每家房屋外都盖一香炉，每月初一和十五都要煨桑。此外，每天早饭用餐前都会烧香，即放少许采来的香料用火炭点燃后一边在火塘四周转动，一边口中念藏语祈祷，实际是焚香祈拜安南神山"额拉给吉"，祈求平安和衣食无忧。

安南"藏回"对藏族文化及宗教的认同是由表及里的，在血缘、亲缘、地缘的纽带交织下，回族与藏族没有明显的文化边界和心理隔阂。在现实生活中"藏回"的认同也总是徘徊于回族与藏族之间，没有语言障碍，易于拉近两个民族的心理距离。在生产互助，生活互帮，文化共享的生活场景里我们很难辨别孰回孰藏。但凡丧葬之时，丧葬仪式及习俗才明显地彰显出"藏回"文化的族群性，此时的回与藏民族边界也才是相对清晰的。

第五章

族群表述:"藏回"族群的认同解释

新兴国家的人民不是通过理性化社会的公民纽带连接在一起的,而是基于语言、习俗、种族、宗教以及其他既定的文化属性的原生纽带。[1]

——格尔兹

族群意识是集合了群体的政治观念、经济利益、文化传统、历史记忆、价值追求等不同层面的概念。族群意识与族群认同既有联系,又有区别,族群意识

---

[1] Geertz, Clifford, The interpretion of cultures, New York: Basic Books, 1973, P259。

是意识还处于未分离状态,且未完全系统化;族群认同是意识与行为的分离阶段,通过意识影响行为,强调对本族群的一种归属感,有着明晰的目的和所指范围,往往付诸行动。族群意识常常与族群认同相联系,还与种族主义、民族主义相互交织在一起。通常情况下,种族主义或民族主义都是特定历史阶段中族群认同意识的一种极端现象的映射。在族群意识的形成之时,也形成了历史性、地域性、文化象征、精神和群体属性的认同。

紧接前面对于文化变迁理论分析,我们进一步对"藏回"族群认同进行理论探讨。犹如文化影响一样,族群认同表现出历史时期的阶段性变化是受到政治、经济、文化的外力和族群自身意识变化的制约,表现为对族群物质资源和文化资源进行新的博弈,直接或间接地导致社会文化变迁。关注族群意识在族群发展的作用,我们看到族群意识的结构性差异能够造成族群社会结构和文化变迁的分裂与分化,从而出现不同族群的文化实践与认同表述。在众多的族群认同理论流派中,除去原生理论对于族群意识的引导性,社会结构对于族群意识的整合性,依附于族群意识中差异性存在的"边界"讨论,成为族群认同的一个不容忽略的内容。传统上对族群认同与文化变迁的关系认识大多是从功能阐释、互动关系来展开分析,两者的关系主要定性为因果论、循环论,往往将两者分割,没有将两者的整合关系予以进一步分析,整合论是对族群认同与文化变迁二者互动关系的进一步诠释。就云南"藏回"族群认同而言，借用整合理论进行解释能够相对全面客观展现不同时空背景与族群意识作用下的族群认同情况。

第一节 "藏回"族群认同的历史分期

族群认同具有主体性特征，同时也具有社会群体性，是一个集合时间、空间与人群的综合概念。从历史跨度上看，云南"藏回"族群认同是一个动态变化的过程，不同历史时期里的文化变迁构成了一条认知族群认同的时空脉络。此节将通过文化影响理论分析，运用跨文化比较及历史人类学的视角与方法，梳理"藏回"族群认同的历史脉络。

一、已有研究的学术观点

今天的族群研究已经获得众多喜人的成果，其理论的发展也自然出现斐然的成绩。在众多的族群认同解释理论中，人类学界最流行的族性理论还是原生论与场景论。原生论模式（the primordialist model），又称为多元社会研究路径（the plural society approach）。原生论将族性作为族群社会的基本组织原则，从而成为多元的社会。但是这一研究路径过度强调了族性的原生维度，没能理解族群认同的灵活性与工具性。因而，原生论被认为是一种静止的、自然主义的族性观，缺乏解释力。场景论模式（the circumstantialist model），又称为利益群体研究路径（the interest group approach）。这一模式强调族性的情境性或工具性，即族群认同的多重性、层次性。如巴斯（Frederick Barth）认识到在不同类型的多元社会中族群关系的流动性，挑战了族群互动通常导致同化的旧论调。[1] 事实上，原生论与场景论二者并不是对立的。原生论是族群认同的一个历史面相，是对语言、血缘、地缘、经济方式等一类的族群文化基本要素的重视，认同他们是族群社会结构中相互独立又相互挽联的基本单位，认为其在族群认同中起着客观、基本、牢固、主要、群体的作用。场景论则是族群认同的一个特例，突显族群认同意识所构建的边界，承认个体意识差异，认为其中族群认同中起着主观、特殊、变动、多样的作用。由此，原生论与场景论又可以归类为客观特征论与主观特征论。

从"藏回"族群的认同历史与现实来看，对藏族的认同主要表现为文化、生活和经济方式方面，而在自己民族身份、宗教、群体情感归属上认同于回族。

---

[1] 兰林友：《论族群与族群理论》，《广西民族学院学报》（哲学社会科学版），2003年第3期，第30页。

第五章 族群表述:"藏回"族群的认同解释

从这一特点来看,可以将"藏回"族群的认同划分为文化外层和心理内层两类现实特征。从理论分析来看,原生论和边界论是主要的理论依据,但就近期引起学者关注的云南"藏回"族群的文化变迁与族群认同而言,还形成了一些具体的理论观点。目前的云南"藏回"族群认同研究者,大致可以归纳为三种不同的解释路径。

第一种观点以美国人类学家宾·海门(Ben Haillman2004)发表的论文 "The Rise of the Community in Rural China: Village Politics, Cultural Identity and Religious Revival in a Hui Hamlet"(The China Journal, No. 51. Jan, 2004, pp. 53-73.)为代表。海门对香格里拉哈巴村伊斯兰教传承与族群意识进行分析,论文指出在当下旅游经济高涨背景下,哈巴"藏回"强化民族宗教文化符号,通过建造清真寺来诉诸自身的重建民族文化,并最终构建自身新的族群历史文化。同时,论文分析得出哈巴"藏回"在宗教意识强化的过程中,实现了多种身份与文化的建构,同时也获得了经济利益。

第二种观点是云南大学白志红博士提出用"subjectivity"(主体性)的视角来解释迪庆不同村落中"藏回"族群的文化走向及族群认同差异。其发表的论文《藏彝走廊中"藏回"的民族认同及其主体性》(《民族研究》2008年第4期)。论文以生活在云南省迪庆藏族自治州的"藏回"为研究对象,运用人类学理论和方法，将民族认同放在具体的历史、政治和社会情景中来讨论，分析"藏回"身份认同的特点，挖掘、再现研究对象的主体性，挑战回族族源多元但认同一元的观点。论文认为迪庆藏族与回族之间的族群界限是模糊的、流变的，其表现出来的主体性和历史记忆是建构"藏回"身份认同的主要因素，文化实践只是"藏回"认同的一个表层依据。主体性认识能够对于不同类型的"藏回"个体的意识思维进行分析，充分考虑到个体在族群认同选项中真正起到决定作用的具体原因、动机、行动和考虑。

第三种观点是工具论或情景论的解释，这里有两层意思，一是普通民众能够在族际空间中主动获得其他族群的认同，文化生活的高度统一和同质几乎掩盖了族群之间的文化差异与边界存在。另一层意思是在民族区域自治的政治格局里，藏族身份的变更能够获得地方政治资源。的确，整个藏区民族政策的持续推行过程中，尤其是民族区域自治制度下的迪庆地区，政治、经济和文化的资源优势更加趋向于藏族。

毫无疑问，我们知道影响族群意识及认同的因素是众多方面的。在族群认同的众多理论中，不同的理论所关切的认同核心话题是认同是主观的，还是历史客观存在的；是个人情感心理的感性表述，还是特定社会场景的理性抉择；是由众多文化要素构成的原生性纽带，还是更多与政治社会结构工具性的建构。的确，族群认同是包含文化和心理，历史与政治，情感

第五章 族群表述："藏回"族群的认同解释

与理性等多重要素交织的概念。所以，在探讨理论流派时，更应该将各种要素相互验证整合，而不是对立和隔离，这样获得的族群认同结论也才更加合理与客观。

三种观点指出了当下云南香格里拉"藏回"族群认同现实中宗教意识强化、个体主观意识及文化变迁、族际文化的影响作用。第一种观点认为伴随旅游业等发展而引发的族群意识高涨，在族群文化建构的过程中如伊斯兰教清真寺等文化符号便成为重要的文化建构内容，同时，文化建构的目的是政治利益性的，其先于族群意识；第二种观点认为现实生活中的多元文化多维"藏回"认同，在代际差异和身份复杂的结构中无疑突显出族群认同的个体主观能动性。可以初略概况出，这两种观点对于分析云南"藏回"族群认同中伊斯兰教近期在族群内部中的巨大影响力是有客观性的，但是其解释力未能完全涵括整个云南藏区所有的同一文化模式下的"藏回"族群。更为重要的是这两种观点在解释中没有介绍被调查者的村落、社会文化网络及族际关系等背景。现代市场和政治力量的影响无疑冲击着急剧转型的"藏回"村落，由此导致了族群认同个体的明显差异，但是整个族群内部的认同相对是统一的。变迁的起因有着现代民族主义的传播，政治利益的吸引，旅游业的推动等外界因素。同时，过于强调"反作用"的存在，而无视隐藏于族群内部的"作用力"是难以对"藏回"文化变迁做出客观评判的。如果任意抽取那些不同表述作为支撑"藏回"族群认同的结论或许有失公允和客观，对于民族学倾听"他者"表述的基本立场也是相悖的。我们提出依据族际地理文化历史场景，并结合文化变迁来具体探寻云南"藏回"族群认同的根源所在。

无论是强调族群文化犹如基因一般"既定禀赋"（being giving）对族群认同的作用，或者将族群认同认定为特定利益意识抉择的结果，客观文化决定论和主观决定论构筑了整个有关族群认同理论的根基。由此而得出的族群认同解释总是游走于现实与想象，主观与客观的二元空间，自述（主位）与他释（客位）相形之下，没有绝对存在，只有将两种视角交织运用，才可以获得更为接近真实的途径。有关族群认同的论述不断使得夹杂于藏、纳西、彝、汉等多个族群中的"藏回"所展现出的特异的文化习俗、历史记忆、社会特征以及身份认同渐渐被学者所论及。在阐述"藏回"文化传统与变迁的过程中，有关"藏回"族群认同，尤其是身份归属的讨论中，有的学者指出运用"主体性"理论才能厘清"藏回"多个田野点个案中"回变藏""藏变回"及保留回族身份认同的差异，进而才能解释这些案例发生的原因。我们认为，主体性认识客观地解答了云南"藏回"族群历史上及现实生活中对族群认同呈现出的个体差异及情景区分。对于多种抉择的身份认同案例的解释上，主体性认识弥合了地区差异及个体差异，从个人主观能动性的视角来诠释了位于西南边陲，具有族群政治

第五章　族群表述:"藏回"族群的认同解释

工具性,回族宗教传统不明显的"藏回"族群的文化及身份认同现实。这也揭示出"藏回"游离于藏文化和回族—伊斯兰教文化之间的不确定性事实。但是,主体性认识过于强调个体意识的能动性,而往往忽视了制约或形成族群意识抉择的历史文化原因或社会场景作用。也就是说,主体性的解释是忽视族群整体社会文化结构而得出的结论。将"藏回"族群认同的情况解释为主体性仅是将多维认同现象简单进行个体分析,而未真正揭示其隐藏于社会背后的原因。现今云南"藏回"族群认同所呈现出来的多维方向乃是现代化充斥下的西南边疆少数民族社会转型及文化变迁的一个鲜活案例,其发生缘由与当今族群认同理论中的客观论和主观论都有所交集。

二、礼俗适应与藏化倾向

翻开历史,在回族的形成之初,代表伊斯兰文明的阿拉伯、波斯和中亚各族穆斯林民族进入中国所发生的文化互动关系即为两大文明间相互融合作用,其所进行的文化互动主要停留于民族文化习俗层面上,因此有关学者将孕育回族雏形的时期称为"礼俗时期"。[①] 同样,借此划分类型,将清末入滇定居藏区的

---

① 纳麒:《传统与现代的整合——云南回族历史·文化·发展论纲》,云南大学出版社,2001年1月,第1版,第38页。

回族向"藏回"过渡形成的时期称为"礼俗时期",这样便于历史框架中所经历的文化互动关系获得清晰有力的解释力。

可以推断"藏回"族群文化外貌的形成,大致是在定居藏区之后便很快完成。对藏区藏族文化的较快适应是出于当时逃难而来为获得民族生存机会的特定历史背景,而发生对传统风俗的变更则是维系族群正常社会运转的重要文化实践。礼俗转变与重组的文化变迁具有独立性文化效应,并不会丧失对回族传统文化与民族身份的认同,文化的同化并不意味着认同的同化。生存机会的获得保障了"藏回"族群的生命延续,族群社会习俗的地区同化增强了族群发展的能力,同而不化的礼俗适应与文化变迁,一方面使得藏区回族形成与藏族同质性的文化生活"共序",另一方面依旧保持着回族自我认同的"差序"。

礼俗适应与藏化倾向的过程是回族定居藏区的一个必然结果。"藏回"族群的形成过程呈现了藏族和回族两个民族之间的文化互动,其民族文化的变迁,新族群的形成,与之相伴而生的族群认同意识也发生了相应的改变。"礼俗时期"是"藏回"族群由传统和完整的回族文化向藏族文化的大规模借用、适应,最终整合为新文化模式的历史时期。在这个阶段表现为回族对藏族日常风俗和生活方式的积极、主动适应,其族群认同意识也即发生了由对藏族及文化的陌生、拒绝,发展为积极熟悉、接受。正是这一文化转变,在很短暂的历史时期里,藏区回族移民与周围的藏族结成密切的族际关系。在日常生活中相互进行着密切的经济来往,从而使得生计、语言、服饰、居住、节庆、娱乐、习俗等方式上也逐一发生转变,渐渐同于藏族。藏区回族生产、生活及社会交往的转变是地理环境条件制约的结果,藏族礼俗的全面适应转化奠定了"藏回"族群文化特征的基本内容,同时作用于族群认同意识,产生了对藏族礼俗层面的认可意识。

三、婚姻外延与认同调适

处于礼俗渐化阶段的云南"藏回"族群仅在文化层面表现出与藏族文化的同质与"共序"结构,但在族群认同层面未能与之完全对应,形成相互统摄的文化结构与族群认同。这即是说,礼俗渐化时期的族群认同仅停留于文化结构,族际心理意识层面尚且存在着明显的心理区隔与"差序"。真正对"藏回"族群认同意识产生影响的是族际通婚的发生,族际通婚不仅进一步深化了礼俗适应的族际交往内容,还对牢固的族群意识产生解构与重塑的作用。

伴随对藏族礼俗的借用,同质化的社会文化结构易于产生出"藏回"心理上对藏族文化的亲密与熟悉,优先将藏族纳入通婚范围,对"藏回"婚姻形式的实际内容产生影响。文化生活的同质能够促成族际心理产生亲密的亲缘关系,从"熟知"中不断寻找到彼此认同的共同点。随着族际文化生活的同质化、心理认知的共同点积累，族际通婚也易于发生。在"藏回"族群早期先辈的婚姻结构中藏族成为了重要的婚姻对象，因为当时逃难而来的回族男子老弱多，青年妇女稀缺的人口现实。继续实行族内婚已经不可能，只有通过与藏族通婚才能维系人口繁衍，这一婚姻方式的调整标志着回族内婚制向族外婚的历史转折。调查了解到哈巴大约有五分之一的"藏回"家庭都曾发生过族外婚，安南"藏回"则每一代都发生与藏族通婚。

在"藏回"形成的初期，其回族男子与藏族女子通婚的频率应该是很高的，当然在进行族际婚姻时所遵循的婚姻原则也是教内通婚。逻辑分析得出回族家庭中增加了大量藏族妇女对回族传统文化的变迁是起到加速的作用，因为这些藏族妇女尊重回族的风俗，不食猪肉，这也换来回族亲属对藏族文化的尊重。在生活习俗的许多方面藏族媳妇依旧可以保留自身的民族特征，在日常生活中他们还继续穿藏装、说藏语，对子女的教育也会将藏族的风俗、价值观念、行为方式、伦理等潜移默化地予以影响，使得藏族文化实现跨族际的"再延续"。可见，亲属文化背景下的双向文化互动作用，不断塑造出"藏回"族群对于藏、回的二元民族文化结构，进一步整合出具有藏族和回族的二元文化认同意识。米歇尔·诺万克指出：族际通婚根本不可能消除族群性。它给予了后代多种类型的族群模式。一种文化传统的传递并不是一个清晰认识的

第五章 族群表述："藏回"族群的认同解释

过程，对于任何一个孩子而言是它解开心理秘密，是极其重要的，而其他却毫无作用。尽管家庭情感类别的强度和广度是多变的，但是极其重要的连接着实际的文化传统几乎是一直延续的。①

礼俗渐化和族外婚对族群意识产生明显的影响，但并不起着决定作用。云南"藏回"族群的认同意识表现出对藏文化亲密、熟知与喜爱的情感，同时又表达出脱离、区隔、差异，难以融合的意识。值得强调的是，藏族与回族的通婚过程必然使得两个民族的文化之间发生相互的传递。就回族而言，增添了藏族文化并不意味着在心理上产生更为强烈或较主动的藏族认同。事实上"藏回"不断吸收藏族文化的过程改变的是文化外貌形态，而在内心深处的意识认同仍然更加趋向于回族，族际之间的婚姻并不意味着在信仰虔诚者数量上的下滑，非犹太籍的夫妇亦能够加强他们儿女的信仰，②"藏回"族群的认同现实便是一个明显的案例。

三个"藏回"村落的婚姻历史影响到了三种不同社会文化变迁路线及认同内容。在文化结构重塑的历时性演变过程中，出现了心理结构新的重构，在这样的背景和生活环境的影响下，出现了族群心理边界新的划定。一类以县城"藏回"为例，其与藏族共同居

---

① Richard T. Schaefer: Racial and Ethnic group, P126。

② Richard T. Schaefer: Racial and Ethnic group, P418。

住，人口流动和社会接触囿于藏族的"藏回"社区伴随传统回族文化不断被藏族文化吞噬，政治、经济、文化背景的单向选择最终使得"藏回"社区的消失。另一类以安南"藏回"为例，其族群文化、经济、社会关系和人际交往的互动是与藏族展开的，但是与本族群的社会互动同时存在，这样造成了族群逐渐减小，心理认同上发生了向藏族的渐渐趋向。还有一类是以哈巴"藏回"为典型，在长期与纳西族、汉族和彝族的社会互动过程中理性文化适应机制的持续作用，[①]但是却保持了回族文化特征及认同心理，在族群认同意识上没有发生向其他民族转变。婚姻历史与现实是促使文化变迁与族群认同的重要原因，经由婚姻制度调适，新的民族血液汇入，一定程度上也影响了"藏回"族群意识，族群认同则发生相应的调整。

四、族教二元一体论的失范

在云南"藏回"族群的认同现实中，回族与伊斯兰教的族教二元一体互动认同事实上是不存在的，大多数情况下，二者是相对独立的。作为早期外来移民的回族在定居迪庆藏区后，在文化与生活的不断藏化过程中，其宗教生活还一直得以保持。据文献考证在

---

① 理性文化适应机制旨在说明族群对有别于自身的异文化的借用和适应是处于对族群整体政治、经济、社会等多角度综合的利益考虑，而非是无意识的结果。

第五章 族群表述:"藏回"族群的认同解释

香格里拉的中心镇、德钦县城升平镇均建有清真寺,形成了围寺聚居的回民社区(中心镇"回子街"),口述史中也常常描述出伊斯兰教生活与之相伴的场景,安南作为新移民点也建有清真寺,有专职的阿訇人员。因恪守伊斯兰教而未完全同化为藏族,此时期的认同情况尚且为族教一体。中华人民共和国成立之前,一直有村民进行穆斯林生活,安南、哈巴两村回族在伊斯兰教回归之前共有过五代阿訇的历史。几代阿訇的培养断断续续,依据田野调查获得的资料,"藏回"培养阿訇的历史具体整理如下:

第一代阿訇:约 1890—1920 年,安南开矿时期,两人(本村人,名字不知)。

第二代阿訇:约 1921 年,初到哈巴,两人(本村人,名字不知)。

第三代阿訇:1932 年,村民选出六个"海里发"(学习宗教知识的学生),由杨尚忠请来阿敦子(今德钦升平镇)大阿訇马民胜前来哈巴任教,学期 3 年,学费村民分摊付给。那时没有教室,就到龙湾边与兰家村之间的小山堡学习,被称为"先生堡堡"。因为在野外,凡是雨天就停课。一年以后在龙湾边阿六七家里就读一年,第三年在龙湾坪修了一间土墙小房作为礼拜寺,转到此学习。

第四代阿訇:1945 年村中派了六个海里发到大理学念经,不到半年,一个同学染病突死,其他学员怕而回乡，学习半途而止了。第五代阿訇：1980年从洱源聘请王正邦阿訇培养5个海里发。

新中国成立时，第三代阿訇仍然健在。

哈巴"藏回"族群发生的民族认同和文化变迁现象是族群认同理论的一个典型案例，在族群生存史中对回族—伊斯兰教二元一体的认同是"藏回"族群记忆中一直没有被抹去的部分，正是它的存在导致伊斯兰教的回归。然而，在藏、纳西、汉等多民族文化与回族文化的抉择过程中突显出心理困惑、族际关系紧张、内部矛盾新生等现象，其根源是社会结构整合与文化整合之间发生了断裂，这种断裂并不会瓦解社会和文化，而是导致社会和文化的不调适。① 社会矛盾和文化冲突的出现常常是因为社会整合功能的失效而引发的。正是由于民族文化不断被外族文化吞噬，民族自我心理"边界"日渐模糊，族群内部社会凝聚力渐趋减弱的境况激起了哈巴"藏回"群体一致对回族宗教文化的回归。伊斯兰教的回归及回族传统文化的重建是对这一目标的行动诉求，它使得哈巴社会获得新的平衡。从哈巴"藏回"族群的社会文化变迁过程中我们能够看到，他们进行宗教回归的初衷和目的都是强化回族认同。由于缺少理性的思索，即将族群认同意识简单转换为文化抉择行为，没有深入地去审视和

---

① ［美］格尔兹：《文化的解释》，纳日碧力戈译，上海人民出版社，1999年，第171页。此理论见于格尔兹对于爪哇一仪式的研究。

定位族群的历史、文化和社会，照搬其他地区回族文化模式，其结果矛盾突出，问题百出，伊斯兰教也没有牢牢扎根在族群个体内心。可以得出结论的是，"藏回"族群的宗教回归没有实现族群认同与文化变迁的真正整合，对藏、回等多元文化的定位不明晰，归根结底凸现的问题是缺少文化自觉能力的培养。哈巴"藏回"美好的回归初衷并没有取得预期目标的原因在于凭借个人意志，缺乏整体决策、激情参与式的文化回归和重建、没有对新文化进行转化嫁接，文化的适应机制和整合功能最终没有被有效发挥。为此，积极建立族群认同与文化变迁二者整合机制并有效发挥其功能将是"藏回"族群及其他族群在面对族群认同和文化变迁时应该积极探寻的目标。

第二节 "藏回"族群认同的边界建构

挪威人类学家弗雷德里克·巴特（Fredrik Barth，1928—2017）以其在族群研究方面的卓越贡献而闻名于世，1969年由他主编的《族群与族界—文化和差异的社会组织》是研究族群的奠基之作，他提出的族群边界理论（ethnic boundaries）对学术界产生深远的影响，一经提出便成为族群理论中的一枝常青藤。边界论认为族群研究的重点在于界定族群的边界，而不是探寻族群内部的文化内容,族群是通过边界与别的群体的关系加以定义和加以突出的。族群边界论不强调族群关系的类型和分类,也不关注不同群体的内部构成和历史,而是关注族群得以产生和存在的不同过程。除了强调不同族群与生态环境相适应的不同方式之间具有某种联系之外,巴特的族群边界理论并未从空间的角度来阐述边界。族群边界可能会有相应的地理边界,但更强调的是社会界限。族群边界自身是随时间而变迁的社会产物,族群成员的认同边界会随着不同的时间和地点,出于利益和价值的考虑而有所变化。族群的文化与社会组织的形式,可能在没有取消族群边界前就发生变化,也可能在边界加强的同时文化上变得更相似。文化和社会组织方式的变化未必就会带来族群边界的变化,族群边界可以跨越文化、社会、经济、生态等区分单位得以存在和维持。界限两边的人都可以通过一些区别于其他群体的标志,比如着装、食物、语言等来表示自己对各自族群的认同。个体的选择再加上具体的社会状况,有时会将自己的同胞变成整个族群的仇人。由此看来,族群间的界限既不能说明界限两边的群体在文化上有多少共同点,也无法说明在界线之内、在群体内部能够允许多少文化上的差异存在。[1]

---

[1] 徐大慰:《巴特的族群理论述评》,《贵州民族研究》,2007年第6期,第67页。

第五章 族群表述："藏回"族群的认同解释

探索云南"藏回"族群认同的历史分期，礼俗渐化与族外婚奠定的二元文化结构与认同意识成为理解"藏回"族群认同的主要历史维度。从理论分析视角来看，有关族群意识原生论成为厘清云南"藏回"族群认同的主要捷径。在此基础上，我们还应该将分析视角拓展至其他领域，还可以运用现当代族群理论的边界视角进一步探寻。云南"藏回"族群所表达出的多样认同情况与文化变迁，说明了客观物质文化所建构的族群认同仅是历史的一个方面。面对复杂多变的族际互动场域、经济文化交往及族际社会互动，"藏回"族群的认同表达是多变的，主观意识的表达作用明显而持久。无论是客观特征的族群认同，还是主观特征的族群认同，"藏回"呈现出藏化与回化交织，且难以稳定的族群认同事实。借用族群边界理论对"藏回"族群认同的有形与外形予以解释，能够再现族群认同。通过田野调查深入访谈所获资料，探讨"藏回"与回族传统建构理论的错位，移民历史记忆与生存策略相伴下的文化变迁，族群边界的清晰与模糊几个层面，并具体解读"藏回"族群认同的历史分期与具体情境下的主体表述情况。

对于"藏回"族群性的构成现实用边界理论来进行解释是回归理性分析的一种捷径，是一种对不同历史时空与族际交往情境族群认同的分类分析，其能够将历时性动态的视角与特定场景中族际关系的真实情况相结合，相互验证，这样的族群认同分析也更加具有说服力。因为边界论认为，族群首先是族群成员的归属和认同范畴，它对于族群之间的互动具有组织和协调作用。[①]"藏回"族群长期与回族主体间缺乏社会互动，而与藏族、纳西族、汉族和彝族有着持续和频繁的人际交往、社会互动和文化接触，但是这样的社会过程并没有影响其族群对回族传统文化和主体的情感归属及认同，回族认同一直顽强地存在于"藏回"社会的发展历史，甚至在今天更为开放和频繁的族际交往过程中，部分"藏回"产生了较以往更强烈的族群意识，正如在哈巴所发生的"藏回"族群以宗教回归为标志引发的一系列的社会、文化、意识的回归。哈巴"藏回"族群回族意识的强化和凝聚应该归因于其与其他族群边界的长期保持。接下来我们以哈巴"藏回"为例，着重分析其如何构建与其他族群之间的边界。

一、文化传统维系的族群边界

族群性成为不同的族群难以跨越的一条"界线"，这一边界既表现为清晰的文化界限，也存在难以观察的无形边界。族群边界是统摄文化特征与个体意识，弥合原生理论与场景理论，实现族群认同整体与个体、

[①] 纳日碧力戈：《现代背景下的族群建构》，云南教育出版社，2000年10月第1版，第63页。

第五章 族群表述:"藏回"族群的认同解释

历史与场景、文化与关系的一个重要族群认同理论与方法。由此,有关族群边界的讨论进一步引发人们对族群性更深入的研究和探讨。我们知道族群存在的重要象征是族群所表征的文化形貌,同时应该予以承认的是,族群性及族群认同是意识性的存在。在族群研究中我们常常发现,一个族群的"原生"特点可能已经消失殆尽,但是它的成员却仍然保留强烈的族群意识。一个族群可以借用其他族群的特征来表达自己的感情和认知,照样划分出和其他族群之间的"边界"。边界论的首倡者巴特认为族群认同的来源于族群成员的出身和背景,而他们所拥有的共同文化只不过是一种暗示或结果,他们不是首要的起决定性的特征。[1] 总之,族群文化特征是族群认同形成的前提,但是却不是族群认同存在的必然依据。

如果仅是运用原生论来诠释"藏回"族群心理层面强烈的回族认同现实,那么我们很容易发现其解释力不足。个体所呈现出的认同意识多样复杂,难以简单以原生论来逐一解释,出现事实与实际的偏离。尽管在语言、居住、经济、生活方式和其他文化上大多形同于藏族,但是"藏回"族群并没有完全因为原生要素的传习和影响而显现出族群全体一致的认同情况,这自然与"藏回"族群多种认同现实是相悖离。即使

---

[1] 纳日碧力戈:《现代背景下的族群建构》,云南教育出版社,2000年10月第1版,第51–66页。

是原生纽带的持续作用,但是其结构和内容却发生了变化。我们能够认识到哈巴"藏回"社会变迁的描述阐明了"从个人(家庭)之间地缘整合的原生纽带,向志趣整合的原生纽带转变"[1]还发生着多维度的认同变化。哈巴"藏回"族群文化变迁及认同调适可以进行原生论的解释,而安南"藏回"却至今没有相似的文化变迁,原生性的解释很难进行解释,通过边界论来探寻藏、回边界的存在与流动,能够有助于我们揭示其族群认同的其他原因。

(一)饮食禁忌

从生活方式整体对藏族文化的借用和适应,而在族群社会生活中对原生文化因子的部分保留是"藏回"族群在文化整合机制上所表现出的特点。随着民族文化结构的重新调整,原生社会文化体系发生支解,进而使得原先的文化体系丧失整体性的功能。不容忽视的是,残留的原生传统文化因子结构虽被瓦解,但功能尚存。在历史与现实之间,某一传统文化因子的传承或存在,能够顺理成章地实现族群意识的连续,这些同样对族群的认同产生重大影响。

在不同的历史场景中,饮食禁忌往往成为回族内部意识凝聚,外部边界构建的一种重要文化象征。"藏回"族群对回族饮食禁忌是组成回族认同的重要内容,

---

[1] 格尔兹:《仪式与社会变迁,一个爪哇的例子》,《文化的解释》纳日碧力戈译,上海人民出版社,1999年1月第1版,第171页。

第五章 族群表述:"藏回"族群的认同解释

这样的认同原因在回族及其族群中都是很突出的。同样,所以在"藏回"族群内部不食猪肉成为最牢固的民族特征和回族识别依据,即使在族际通婚中也明确要求这一禁忌。饮食禁忌的遵循几乎成为"藏回"族群身份的一个等价码,一旦这样的认同行为被打破就意味着其认同意识的变更。因族际通婚或工作原因,安南和哈巴一些"藏回"个体放弃饮食禁忌,结果是不被族群内部和周围其他亲友认可为回族,部分还出现变更民族身份的情况,融入到藏族及纳西族之中。

民族意识是在"必须同非我族类的外人接触才发生的民族自我认同"(费孝通),即是说民族意识的产生于族际差异的特定场域,认同危机出现的一种主体反应。其中,在文化特征上能够体现出相应的差异,形成相互的不认同和认同意识。在"文化大革命"期间,各种宗教被全面批判,大多数地方的回族饮食禁忌风俗受到干涉。此时期,迪庆地区的回族被要求移风易俗,放弃饮食禁忌习俗,饲养猪。然而,大部分"藏回"依然对民族饮食风俗表现出强烈的回应,不予以变更,表现出不顾惜政治利益,保持民族性特征,突显族群认同意识的特点。这样的行为强化了自身族群的认同意识,同时也表明政治利益的考虑在民族性的构建过程中所起的作用是很微弱的。在"藏回"族群生存的地方政治格局里,藏族、纳西族、彝族、傈僳族等少数民族获得的政治利益机会相比回族要多得多。比如,在中考、高考考试中,其他少数民族都能够享受20分的加分照顾,即使同样是生活在高寒山区,回族却不能享受加分照顾。另外,对于村民选举,从政晋升的族际政治机遇也是明显的,藏族、纳西族、傈僳族都要远远高于回族。即使是在政治利益的驱动下,在现实中变更回族身份以获取政治利益者,只占"藏回"中的很少一部分,大部分人并没有因政治资源的获取而放弃饮食禁忌。

(二)伦理道德

运用文化相对主义观点,每个民族文化的优劣比较是相对的。文化比较往往基于主体性而存在着优劣差异,"藏回"族群对回、汉、藏几个民族文化价值、功能的评价和认同都反映出族群边界的客观存在。据调查了解,在"藏回"先辈对后代的伦理、文化认知、价值、个人行为等方面的教育中,对回族传统的文化体系和认同理念是主要的,同时在对藏族的评价上有着熟悉、喜爱的亲缘情感。藏族及其文化被"藏回"族群易于认可和接近,对藏族的文化尤其赞许,有"情感性"的认同表述。比如,在哈巴"藏回"族群内部认为藏族的语言表达比较礼貌,对不同年龄和辈分的称谓上有明显的区分,往往表达出对不同人群的尊敬和爱戴。"藏回"族群在认同回族的语言、卫生、礼节等方面则吸收藏族传统文化的精髓。

此外,在传统文化传承机制的历史变迁过程中,"藏回"族群总是会想方设法寻找着自身民族优秀文化的因子，并强烈地表现出自豪感、自信心，形成明显的族群意识与族群边界。在"藏回"族群内部对传统文化上所传承的个人行为规范、社会伦理、教育、事物认知等方面都表现出族群性的优越感。尽管这些社会伦理在许多民族文化传统上都是一致的，但是每个民族或族群却能够将之认同为群体内部特有的文化规范，并因此维护着与其他族群的边界结构，"藏回"族群从这些文化传统中产生出了强烈的民族自尊心和自豪感。又如，在哈巴"藏回"尊老之风甚浓，后辈对长辈不仅仅要在情感上孝顺，还要对长辈的意愿给予认可、满足和尊重。在哈巴宗教恢复的前夕，因为年轻一代越来越对民族传统的不注意，老人们对后代民族意识产生了担忧，他们普遍希望能够改变这一状况。宗教回归是解决这一问题的良策，于是哈巴"藏回"族群通过传承伊斯兰教，回归回族传统文化来延续族群内部的伦理道德传统，强化族群意识，构筑族群边界，从而不被同化。

（三）宗教习俗化的边界作用

自"藏回"族群形成，其群体对宗教传承已经发生了适应性调适，不仅是宗教生活的简单删减，更多是宗教功能的转换。"藏回"族群的文化结构呈现藏显回隐的特点，回族传统伊斯兰教的教义对社会规范、社会秩序及个人行为的规范性功能随之被支解，以至于在"藏回"形成的历史过程中，回族传统宗教在形式上被分解，甚至被修改。传统上伊斯兰教的特征仅存留表现为不吃猪肉，认知伊斯兰教是民族传统宗教（仅为宗教称谓符号的认知，但是不知道礼拜、崇拜真主等），知晓民族节日（开斋节）和遵循一些宗教活动风俗（葬礼、"倒油"）等。"藏回"族群对回族宗教传统采取形式上保留，其意义却没有给出完整的解释，但族群意识中的宗教认同是统一的，直指伊斯兰教信仰。

尽管宗教是一套完整的文化意义体系，宗教体系的缺失必然使得宗教意义解释缺乏系统、权威、统一、全面的解释力，但是意义解释的不完整不并直接对族群意识产生绝对的影响。我们可以断定"藏回"对回族宗教文化的认知程度不局限于风俗范畴，宗教的文化意义和社会功用并不明显。"藏回"族群身份的回族自识，很自然衍生出伊斯兰教的宗教认同，所以近期在哈巴社会出现的向回族传统文化的回归意识和行动正是这一原因的使然。尽管"藏回"族群的宗教传统发生形式与内容的转变，但是并没有导致认同的完全颠覆，仍然产生自我族群认同，划分出与他族的边界。在这里我们可以看到回族—伊斯兰教之间的互动在"藏回"族群认同的现实中是统一的，但同时我们也应该看到这样的互动关系链条是很容易断裂的。应该明晰的是，认同仅只是文化互动中的特殊发生，[1] 认同意

---

[1] 陈庆德：《发展人类学引论》，云南大学出版社，2001年9月第1版，第161页。

识并不一定可以反推出文化互动的具体过程。虽然，存在宗教上功能的殊异，但在形式上却是相似的。这样的特点与回族整体社会的认同特征十分吻合，在回族历史与现实中，"族即是教，教即是族"的民族认同和宗教认同的合一性特征，对不同地域或族际交往场域中回族群体的认同起着最为强烈、真实和有力的作用。

总之，无论是文化结构的新构，还是宗教习俗变化的形成，传统文化的存留与弃舍并非完全受族群意识的支配，意味着形式的改变并没有造成意义赋予的失效。文化变迁和社会调适是族群理性文化适应机制的作用，并在这样的过程与作用中继承了族群心理的"原生"与"纯洁"机制。

二、群体意识层次共筑的边界

除去客观传统文化对于族群认同的作用外，族群意识的结构和层次对于族群认同同样起着重要的作用。在通常情况下，均质性的意识容易导致同质性的社会变迁，实现其结构上的完整性和稳定状态。族群整体的意识结构和层次呈现出相互一致的关系，并且在整合社会价值、思维概念、利益机制等方面都能够达成高度的集体共识和行为实践。由此，"藏回"族群群体意识所维系或"制造"的族群边界是分析族群认同现实的一个不容忽视的内容。

(一) 族群称谓

传统的族群自称及他称，还将保持为文化—心理上基本具有凝聚力的表意象征符号之一。[①] 云南"藏回"族群意识中较为明确的特征之一是有着清晰的自我称谓，即回族。他们自称回族，外界多称呼他们为"藏回"，他们有时也很乐意自称为"藏回"。尽管文化生活特征的高度藏化，外界和自身却没有将他们认可为藏族。这样的自称和他称说明文化同化危机始终存在，但民族身份危机还不明显，这在一定程度上使得"藏回"族群能够长期表现出"同而不化"的族群特征和认同现实。

(二) 人群分类

在哈巴"藏回"人群中社会分层是极不明显的，但是存在着类似"精英"一类的小群体，他们是属于中青年人群，大部分是村子的第三代人，他们受过基础教育，有着稳定的经济基础，还有丰富的社会阅历，更重要的是他们有激情，对周围社会和自身民族历史文化有一定的认识。正是这群人作为核心力量和充当社会变革者角色，顺利地完成了向回族文化回归的历史变迁。这里可以借用马科斯·汉森的"第三代法则"概念：儿辈希望去忘记的正是孙辈试图去记忆的，他

[①] 郑凡等编：《传统民族与现代民族国家：民族社会学论纲》，云南大学出版社，1997年12月第1版，第236页。

第五章 族群表述:"藏回"族群的认同解释

主张族群的利益和意识在第一代移民后裔中将被淡化,而在第三代后裔人群中却得到恢复强化。[1] 这是文化传承在代际中不同反应的研究结果。对于哈巴"藏回"族群的回归现象显现出主体意识作用于族群认同与文化变迁的特点。

(三) 文化失忆

在哈巴"藏回"族群回归回族传统文化的过程中,群体集中表现出一种民族文化的危机感。哈巴"藏回"表现出希望恢复回族正统文化和宗教信仰的回归变迁,使之很快整合上升成为整个族群群体意识的一种行动实践。究其原因是个体及群体对于回族传统文化的认知水平是相同的,并处于集体文化失忆的状态。大部分的村民对回族的认同特征是不吃猪肉,有开斋节等传统节日,丧葬习俗保留等简单的回族文化特征传承,而没有形成有关文化结构、心理价值、行为模式等内容和意义的文化体系。比如,当地村民要求附近的第四民族中学设回族食堂,同时要求政府为他们修一座清真寺。当时政府同意给予一部分拨款修清真寺,另外资金自己向其他回族同胞征集,哈巴几个负责人到了昆明、纳家营(玉溪通海县)和沙甸(红河个旧市)后他们才知道清真寺是用来做礼拜之用的。此外,在村中六十以上的老人中仅有几人亲眼见过斋月里的

---

[1] Richard T. Schaefer: Racial and Ethnic group, P126 - 128。

封斋和礼拜,还是孩童时候的经历,之后便再也没有见过了。由此可见,哈巴"藏回"对回族文化和宗教知识的传承出现了断层。哈巴"藏回"族群个体与群体一直对回族文化及宗教知识表示渴望和好奇,学习和普及回族文化和宗教知识成为弥补这一集体文化失忆的最佳捷径。现今在村中男女老少的回族风俗相同,对宗教知识的认知能力也几乎相同。① 哈巴"藏回"族群的回归实践,再一次证明了群体意识结构和层次处于深化状态,群体意识整合而避免了意识分散所带来的其他阻力。

(四) 集体记忆

1989年,剑桥大学出版社出版了美国学者保罗·康纳顿的《社会如何记忆》一书,在此书的影响下,人类学的田野工作随之开始重视对集体记忆、社会记忆、村落历史记忆以及家庭记忆予以普遍关注。由于集体记忆所关注的内容是关于过去的内容,自然也引起了历史学界的很大重视。历史人类学意识到历史和记忆,包括官方记载和民间记忆的关系,并认为历史记忆是集体记忆的一种形式。人们通过记忆唤醒过去,同时也在记忆中选择性的忘却过去。法国学者刘易斯·科瑟在《论集体记忆》的长篇序言中说:集体记忆在本质上是立足现在而对过去的一种建构。引用施

---

① 这里主要见于他们能够背诵相同的《古兰经》短小章节18段等以及对阿拉伯语字母的学习是同步的,以及对伊斯兰教基础知识的掌握。

第五章 族群表述:"藏回"族群的认同解释

瓦茨的话说:集体记忆既可以看作是对过去的一种累积性的建构,也可以看作是对过去的穿插式(episodic)的建构。[1]集体记忆作为民间认知体系,总是存在于人们处理过去与现在关系的过程中,它曲折而且隐晦地反映着现实政治权力、经济利益和社会定位的需要,而且被不断地想象、虚构、叙事和重构。

族群历史记忆使"藏回"族群苦难历史唤起成员间更为真实和牢固的情感归属,并将这段记忆深深刻印在个体的意识中。正是因为他们是这段历史记忆拥有者,所以植于记忆基础上的认同维护了与他族的边界存在。首先在哈巴"藏回"历史记忆中有着一段民族不断迁徙和受迫害的苦难记忆,这段记忆牢固而富有生命力地影响着族群的文化实践与族际交往。哈巴"藏回"族群对于政治压力或生存危机易于表现出极为敏感的群体情绪,也常常表现出过激的行动,说明在族群历史上几代人遭受迫害的集体记忆转化为族群性的历史记忆。苦难的族群历史深深烙印于哈巴"藏回"族群意识之中,不断强化族群集体意识中有关族群族源、迁徙、灾难的历史记忆,并形成强烈的族群情感和排他意识,进一步明晰自我与他者的族群边界。

---

[1] [法]莫里斯·哈布瓦赫:《论集体记忆》,毕然、郭金华译,上海世纪出版集团,上海人民出版社,2002年,第53、59页。

三、社会组织与控制下的边界

我们知道族群认同既是个人心理归属情感的表达，又是集体意识的合力作用的结果。所以在讨论族群间边界的维持根源时，从族群文化史的构建来寻求答案，同时还应该将视角放置于社会结构中，使用归纳方法去获得更为实证科学和整体的族群认识。[①] 在社会结构中社会组织和控制对于族群意识的变迁和延续是重要的两个方面，我们试图从中寻找到影响"藏回"族群认同现实的新来源。

（一）力量来源

对于安南或是哈巴这样人口稀少，空间狭小，族际交往密切的传统村落，社会的基本单位既是地理和行政上的划分，也是民族构成、社会关系的客观反映。我们把处于两种划分现实中的"藏回"族群暂划为一个小社会或社区，以便我们探讨其社会组织力量的来源。和全国其他少数民族村寨一样，"藏回"族群的社会组织力量有政府、村委会、家族、宗教组织及多种新兴政治经济团体构成。其中，国家行政的组织力量存在于生产、

---

① ［英］拉德克利夫·布朗在《社会人类学理论与方法》（夏建中译，华夏出版社，2002年第1版）中指出，对于不同族群的研究应该从文化历史和社会结构两个层次入手，同时强调对社会结构的关注。并将社会结构定义为"在由制度即社会上已确立的行为规范或模式所规定或支配的关系中，人的不断配置组合"。

医疗、法律、教育、社会保障等方面,而在具体细微的社会事物中,家族起到了不可替代的作用。

(二) 控制方式

社会控制指社会组织利用社会规范对其成员的社会行为实施约束的过程。有广义和狭义之分,广义的社会控制,泛指对一切社会行为的控制;狭义的社会控制,特指对偏离行为或越轨行为的控制。它可以协调社会运行的各个系统之间的关系,修正他们的运行轨道,控制他们的运行方向和运行速率,使之功能耦合、结构协调、相互配套,尽量使各社会运行系统同步运行,促进社会的良性运行和协调发展。美国社会学家 E. A. 罗斯在 1901 年出版的《社会控制》一书中首次从社会学意义上使用社会控制一词。在他看来,社会控制是指社会对人的动物本性的控制,限制人们发生不利于社会的行为。他认为,在人的天性中存在一种"自然秩序",包括同情心、互助性和正义感三个组成部分。人性的这些"自然秩序"成分,使人类社会能处于自然秩序的状态,人人互相同情、互相帮助、互相约束,自行调节个人的行为,避免出现因人与人的争夺、战争引起的社会混乱。但是,罗斯为美国社会设想的这种"自然状态"被 19 世纪末 20 世纪初高速发展的城市化和大规模移民所否定。在现代的美国社会,初级群体和社区迅速解体,人们不得不生活在完全陌生的社会环境中,社会交往的"匿名度"大为提高，人性中的"自然秩序"难以再对人的行为起约束作用，离婚、犯罪等社会问题大量出现。所以，罗斯认为必须用社会控制这种新的机制来维持社会秩序，即社会对个人或集团的行为进行约束。他还认为，舆论、法律、信仰、社会暗示、宗教、个人理想、礼仪、艺术乃至社会评价等等，都是社会控制的手段，是达到社会和谐与稳定的必要措施。

在"藏回"社会中社会组织和控制的方式主要有三种：一是制度性的，包括国家法律、村规民约、风俗习惯；二是组织性的，包括家族和宗教；三是认同性的，民族性、地域性、血缘等自我意识的认同形成的控制。制度性的社会组织和控制成为地方社会管理的顶层，并且表现出地域、民族和经济特性。组织性的社会组织和控制是族群内部社会的管理途径，主要为族群共同体利益、旨趣、传统的一种凝聚途径或影响方式。认同性的社会组织和控制是族群个体自我约束的一种途径，表现为个体文化需求、利益诉诸行动实践、意志表达的方式。

（三）认同调控

调查分析得知，哈巴"藏回"族群社会实际的社会组织来源是家族，社会控制主要为认同性的方式。[①]前文已经介绍在哈巴"藏回"村形成了一个在地域、

[①] 由认同引发对社会秩序及社会控制的社会调控在民族社会学上称为认同性调控。

第五章 族群表述:"藏回"族群的认同解释

血缘上较为统一的高密度的社会空间,村民始祖主要来自于三个较大的家族(两个杨姓,一个兰姓),90%以上的村民之间都存在着血缘或亲缘关系。尽管哈巴"藏回"族群中还没有形成人口庞大、组织成熟、规范系统的家族势力,但是在社会组织与控制上明显显现出家族社会功能的踪影。哈巴"藏回"族群内部所谓的家族,其实质是社会关系较为密切的扩大式家庭的统称,主要分为杨、马、兰、武等姓几个大的家族。这样的家族没有严格的组织和机构,既没有家族祠堂、公房,也没有谱牒、继嗣。但不容忽视,家族势力左右着地方社会的运作,在历史和现实中的社区生产、人际社交、利益分配、社会组织、社会互动等环节无不显现出家族的影响。在生产环节他们之间互助,个人的日常事务被当作整个社会的事情看待,有着共同的祖先,相同的民族风俗习惯,社会变迁都紧紧围绕家族势力而展开,风俗保留与制度变迁也依靠家族力量来实现。一部分哈巴"藏回"村民将回归的实现归因于村内几大家族共同协商,达成共识的结果。从社会组织与控制的角度来看,这一结论与事实相吻合。同时,我们看到,在历史上哈巴"藏回"几大家族间的关系是较为和谐的,经济利益的冲突并不明显,在处理社会事务中他们都能够达成一致,完成了群体意识上的均质性塑造,这一特征很容易实现社会全体一致的社会变迁。在社会结构中核心的单位是家庭和家族,实际对"藏回"族群意识产生作用的是家族力量,他们对社会成员的社会化起着至关重要的作用，也对族群认同行为的变迁起到直接作用。

总之，云南"藏回"族群认同的原因是多方面的。哈巴"藏回"族群完成的回族文化回归是族群意识发生传承困境和认同危机之后的群体文化实践，更多是基于历史记忆而不断追寻的族群文化重建。安南"藏回"族群却身处于密切交织的族际现实中，血缘、亲缘下的高度地域认同暂时将族群认同掩盖，表明了现实中的族际关系是影响族群认同及文化变迁的最核心因素。通过对云南哈巴"藏回"族群近期发生的文化变迁与族群认同的解读，我们可以认识到文化作为"原生"民族属性，构筑起相应的民族、宗教、文化的认同，是民族认同范围里个体彼此归属感及心理素质塑造的一个重要来源。界定族群认同和文化变迁的关系时，需要明晰的是两者是同一事物的两端，一端是意识层面，另一端是具体的行为实践层面，但二者之间是非直线性的互通和转换。意识认同需要转化为具体的行为表达，文化是其中的一种重要表述方式，文化的变迁或新构与认同意识密切关联，并相互保持一致。通常我们强调族群认同与文化变迁间相互作用的功能阐释，讨论两者的互动关系，往往忽略了在两者互动关系建立过程中的整合性，同时对族群自身文化的内涵、结构、发展等要素认知的自觉，以及在二者互动过程中往往呈现彼此族群意识和文化实践的时间不同步、结构功能不协调、状特征复杂的特点。

第六章

和合共生:"藏回"族群的民族关系

全球化允许我们比以前任何时候都更个性化——同样的原则也适用于各民族、各种族文化。[①]

——约翰·奈斯比特

回族文化新族群的出现,更多是基于族际交往的和谐共生背景下,呈现出文化多样性的共性,是族际互动的结果。随着不断深入的族群文化接触,生活互助,社会交往,使得回族与其他族群社会的互动变得

[①] 约翰·奈斯比特:《大挑战》,上海远东出版社,1999年,第33页。

更加广阔与多维。迪庆多民族地区的回族身处于自然环境多样性与族群文化多元的复杂社会中,经由不同的历史文化变迁,孕育形成了回族文化多样性的"藏回"族群。在文化变迁的过程中,"藏回"族群不段拓展族际交往的空间,深化交往的内容。云南"藏回"族群认同现实中所呈现出的区域及个体的意识多元表述方式,进一步说明了族群文化及族群认同的生成始终是出于一个族际交往的多维场景之中,民族关系成为"藏回"族群研究另一不可忽视的内容。

第一节 回藏民族关系的历史

民族关系是一种在人们交往联系中的特殊关系,是指相互接触的人类社会的民族主体之间各种关系的总和,是一种特殊的社会关系。

一、民族关系的特点

民族关系有别于其他的社会关系,之所以特殊在于具有民族性。另外,民族关系是民族之间交往的一切关系统合,民族彼此之间的交流交往,或者在交流交往行为中表现为民族性的因素,即民族交往。也就是说,当人们以民族属性作为交流的基本立场时,这种人际关系即成为民族关系。人类是群居生物，每一个民族都有天生的优势与缺陷，这样的条件限制最终决定了其与其他民族群体必须进行优势分享与缺陷弥补的交往，离开与其他民族的相互交往，一个民族就难以生存发展，其文化也难以发展。因此，民族关系实际上是指不同民族交往的形式与过程，民族关系的基础是民族交往，民族关系的主要内容是民族交往。一般而言，民族关系的客观性是以民族交往行为的客观存在作为基础，存在民族交往就必然会有民族联系，也就客观地存在民族关系。

民族关系通常是从每一个独立的民族自身角度出发，针对环境、历史、政治、经济、文化、社会、宗教、心理等特定的需求，与其他一个或多个社会群体构建的行为关系体系，这样的关系不单是个体的，往往还代表着整个民族群体。之所以建立彼此民族之间的关系，在于强调自我群体认同意识，维护民族文化边界，实现利益价值，改善生存状况，谋求政治平等或优势，共同抵御自然灾害或敌对力量。由此可见，民族关系是一个动态的调整过程，总处于波动的关系中，且不是单线的关系发生，而是一个需求不断调整，多角度追求自我利益最大化，使自我处于中心地位而进行的关系平衡过程。

我国是一个多民族国家，经历长期的不断凝聚与融合，最终形成了中华民族多元一体格局。这一格局说明了我国的民族关系是一个存在着历史、文化、民族、区域多元的事实，在动态的历史过程中，不同的民族之间相互融合，彼此不断熟悉，凝聚力不断增强，共同汇集为一个牢固的命运共同体。因此，我国民族关系是指多民族国家内部各民族之间相处和交往的形式、内容、质量状况及其发展过程的总和。民族关系是当代民族、社会、政治、宗教、文化、国际关系等众多学科研究的一个重要主题。从古至今，人类社会不同文化的生成，不同族群的凝聚，在资源占用和政治势力的对比上都较为明显地表现为一种民族关系。经济的发展，交通的便捷，信息的畅通愈加使得不同的人群聚居在一起，不同群体的接触更为频繁，民族与其他各种组织和群体交织在一起，构成了复杂多元文化。在多元文化与利益博弈的背景下，民族关系也不可避免受其影响而变得更加复杂。

二、民族关系的类型

依据民族关系的主体分类、权力结构、民族类别、地域划分、历史分期等，可以对民族关系的类别进行划分。从民族关系主体来说，民族关系可分为民族内部关系与民族外部关系两大类。从权力机构来说，民族关系可分为三个类别：权力统治阶级与各民族的关系，各民族权力统治阶级之间的关系，各民族群众之间的关系。[1] 具体到我国的民族关系，有着多种分类依

---

[1] 马曼丽：《论民族关系的实质与当代民族关系的核心问题》，《烟台大学学报》，2005年第4期，第434页。

据，从民族类别来看可分为汉藏关系、汉蒙关系、汉维关系、汉满关系、汉回关系等55对关系组合；从民族人口来划分，主要包括汉族和少数民族，以及少数民族之间的关系；从地理区域来分，可以分为东部民族关系、西北民族关系、东北民族关系、东南民族关系、西南民族关系；从行政区划来分，可以分为省、州市、县、乡镇、村等行政单元内的民族关系；从关系对象来划分，可以分为族际关系和族内关系两大类；从内容上来划分，可以分为民族地域关系、民族经济关系、民族政治关系、民族社会关系、民族文化关系等；从历史时期划分，可分为先秦、秦汉、南北朝、唐宋、元明清等不同历史时期的民族关系。在众多的民族关系分类中，不同的民族关系具有着共性与个性。共性就是其中都具有我国不同历史时期民族关系的基本内涵和一般特征；个性是指不同的民族关系组合往往因为各族群在历史发展、地理分布、经济生活、社会文化等方面的差异而表现出不同的形式、内容和特点。[①] 可见，不同分类角度共同表明民族关系是一个具有历史性、文化性、区域性、经济性的多元内容与关系链的综合体，可以囊括所有的社会生活内容与价值意义。

---

① 马宗保：《论回汉民族关系的历史特点》，《西北民族研究》，2001年第4期，第79页。

三、民族关系的理论

社会学与人类学一直沿袭着较为重视民族关系研究的学术传统。从种族、民族、族群的概念争论开始，与之相关的种族关系、民族关系与族群关系也孕育而生。无论民族或是族群，有关"关系"的讨论始终成为社会学人类学的一个焦点话题。

人类学历来注重族群关系研究，从"经典进化论"把族际关系诠释为人类社会不同发展阶段，到"传播学派"开始考虑族群间的互动影响；从研究文化调适，提出"互惠"原则，再到功能学派提出族际互动关系概念；人类学对族际关系的研究经历了一个逐步深入的过程。大量的族群关系研究纷纷指明了族群关系是一个交织着博弈、竞争和融合等多种关系，发生了多维的、历史的、连续性的、动态的互动过程。社会学族群关系理论强调定量统计与指标分析，政治视角指导下的族群关系理论则突出族际紧张与族际分离，认同理论过于强调族群意识的工具性功能，[①] 由此形成了社会民族学研究族群关系的种族主义族群关系理论、社会学族群关系同化范式、权力—冲突范式。现实生活中，族群关系事实更多的是一个彼此消解陌生，共

---

① 李红春、马滔：《多元共生视野下的藏彝走廊族群关系》，《广西民族研究》，2017年第3期，第58页。

存互融，不断适应，创造共识与情感的演化过程。

20世纪70年代以来，人类学族群关系研究对文化调试与族际互动越来越表示青睐。在主张族群文化的族际价值效应与互动的诸多族群关系理论中，多元文化主义（multiculturalism）、嵌入性（embeddability）、共生（Symbiosis）理论是最为重要的几个概念。多元文化主义从族群文化的互动关系，强调文化载体间的平等与共存，肯定多元意义；嵌入性理论通过剖析族群社会与文化的互融关系，探讨融合背后的社会结构与制度因素；共生理论借助梳理族群共生体系的内容与功能，解释族际共生互补的真实性，族群共生关系是一种多层面的民族共同体适应、共同发展的优化路径，要求诸民族在合作竞争机制的驱动下，互惠共生，协同共进。[1] 费孝通倡导的"美美与共"与"多元一体"理论可以作为中国族群关系中较早强调多元共生关系的重要论点。[2]

社会学认为一个族群总是处于与其他族群的互动关系之中，族群研究往往是有关族群关系的描述与阐释研究。社会学首先对民族关系进行指标确立及统计分析，美国著名的社会学家戈登（M. M. Gordon）在1964年出版的《美国人生活中的同化》一书中，第一次从

---

[1] 袁年兴：《共生理论：民族关系研究的新视角》，《理论与现代化》，2009年第3期，第14页。

[2] 李红春、马滔：《多元共生视野下的藏彝走廊族群关系》，《广西民族研究》，2017年第3期，第58页。

社会学角度提出研究测度民族关系的7个变量：(1) 文化涵化（acculturation）；(2) 社会结构的同化（structural assimilation）；(3) 通婚（intermarriage）；(4) 认同（ethnic identity）；(5) 偏见（prejudice）；(6) 歧视（discrimination）；(7) 价值与权力冲突（value and power conflict）。1975年，戈登从族群融合过程中自变量和因变量两个方面来考察族群关系，对于自变量，他区分了人的生理社会发展变量、互动过程变量和社会变量三个方面；因变量则主要包括同化类型，总体同化程度，族群冲突程度，各族群获得酬劳程度四个层面。[1] 戈登提出的这两个变量体系是以美国这样的移民国家为基础观察点，主要针对的是族群关系，而美国的族群关系与中国的民族关系情况差别较大，难以适用于中国的民族关系分析。另外，戈登的指标体系比较笼统，数据收集困难，难以实际操作。

正是因为民族关系所涉及的内容较广，评价标准多种，时间空间跨度大的特点，使得民族关系不能够完全依靠定量分析获得结果，还需要从一些影响民族关系的关键性内容来做出评估分析。在戈登提出7个因素基础上，马戎（2004）教授结合研究中国族际关系获取资料的可能性，提出了语言使用、宗教与生活习俗的差异、人口迁移、居住格局、交友情况、族群分层、族际通婚、族群意识8个指标。这一变量体系

---

[1] 马戎编：《民族社会学导论》，北京大学出版社，2005年，第84-87页。

较之于戈登的指标体系，要简明、操作性强，比较适合于中国民族现实情况。

四、回藏关系的历史

迪庆州民族关系的历史始终与民族人口的变迁、迁居相关联。藏族、纳西族、彝族等多个世居民族在迪庆地区长期的生产生活接触，彼此之间发生不同程度的互动。各民族之间主要是进行着劳动产品的相互交易，如进行农牧结合的藏族，其生产的粮食、牦牛、奶制品等往往贩卖成为纳西族、彝族的重要生活物资。纳西族则在藏族、彝族等多个民族中进行盐、茶、制铁等贸易，彼此密不可分的生活物质交易构成了整个迪庆世居民族关系的主要脉络。此外，因为一些地区的纳西族世代信仰藏传佛教，精神世界搭建起两个族群之间长期互动接触的桥梁。另外，因为跨族际通婚的现实，则使得不同族群之间的关系更加密切。这些历史与现实构成认识迪庆民族关系的一个重要内容。

从历史层面来看，迪庆藏族人口居主体地位，这是一个历史的基点和背景。人口规模、居住格局、经济水平是观察藏区民族关系的基本参考要素。藏族经济上兼从事农业和放牧生产，部分地区藏族还从事马帮贸易，经济发展较为全面。政治上，明代万历年间丽江木氏土司势力的一度强大，其政治势力延伸至迪庆，甚至西藏芒康县和川西木里、稻城、乡城、得荣等地区，其统治势力一直到清康熙年间，整个迪庆区域在很长时期里为纳西族土司势力所控制。[1] 其间，大量的纳西族迁徙而来，在今天维西县和香格里拉市的金沙江及三坝地区形成了纳西族的聚居区，他们大多从事小手工业、农业和狩猎，至此，纳西族成为迪庆除藏族外人口较多的民族，迪庆单一藏族的民族格局也由此打破。

1716年（康熙五十五年），新疆准噶尔部首领率兵袭击拉萨，1720年（康熙五十九年），清王朝在川滇派兵出征西藏，都统五哥、副都统午纳哈领满兵二千名，丽江摩（么）些兵五百名出金沙江，会川兵进藏。[2] 在此次征讨中大量的汉、纳西族和白族等士兵逐渐落籍中甸。雍正时期，随着改土归流的不断深入，中甸地区也消除土司势力，纳入中央政权管辖。时任云贵总督的高其倬在招抚中甸后招徕移民屯垦。在此之中汉、白、纳西族以及傈僳、彝、苗等民族逐渐移民迁入。

在历史的延续过程中，后有多个族群迁居来到迪庆，汉、回等外来的族群与世居与此的藏族、纳西族、彝族一同传承自己族群的经济生活、文化宗教，在一定的认同空间里彼此进行通婚、生产交易、生活互助等互动与接触。政治视野下迪庆藏族、汉族、纳西族

---

[1] 潘发生：《丽江木氏土司向康区扩充势力始末》，《西藏研究》，1999年第2期，第44页。

[2] 余海波：《木氏土司的改流及其影响》，《学术探索》，2002年第5期，第114页。

第六章 和合共生:"藏回"族群的民族关系

政治势力的彼此消长,统治权力的争夺和博弈,之下资源财产的占有、文化势力的渗透、社会体制的变迁都成为重要的历史记忆。然而,在漫长历史岁月的记忆里,不同族群之间那些亲密无间,真实稳固的血缘、姻缘和生活互动关系始终是构成迪庆整个民族关系历史的主要内容。

回族是最晚迁居到迪庆的民族,加入到多民族交往的历史时空中。据文献记载,元宪宗三年(1253年)蒙古族及回族精兵十万过金沙江到达罗衰(今维西)、丽江等地,平大理,占领云南。这是穆斯林第一次大规模进入迪庆。回族大规模进入迪庆并定居下来大约在清雍正、乾隆年间。中甸开发矿产最早载于明代,由丽江木氏土司管。但那时技术差,规模小,并且多由官方开采。清实行改土归流后,中甸办矿业曾一度萧条,直到清乾隆年间才又兴盛。[①] 据1997年出版的《中甸县志》记载:清雍正、乾隆年间,大批回民进入中甸经商开矿,伊斯兰教也随之传入中甸,县城北门街被称为回民街,建有清真礼拜寺,回民宗教活动频繁。这一时期进入迪庆的回族主要聚居在今香格里拉市中心镇北门街,并已形成了相当的规模。后随着距离县城79公里远的安南金矿的发现,大批聚居在今香格里拉市中心镇的回族逐步迁徙到了安南开发金矿,

---

[①] 马维良、王运方:《迪庆藏族自治州回族调查》,《云南回族社会历史调查》,云南民族出版社,1985年,第48页。

并形成了一个新兴的回族村,回族财富的日益积累引起了藏族的嫉妒,藏族土司和汉族地主联合杀死了当地的回族矿税官员杨课爷,并火烧了安南村,其中幸存的十余户回族只得逃离家园,走进了深山密林,到达哈巴雪山山腰,在现今的龙湾边和兰家村定居下来。[①] 居住在香格里拉市三坝乡安南村和哈巴村的"藏回"的历史记忆也都认同他们的祖先来自陕西和山西,是在清末陕西白彦虎回民起义失败后突围出来的一支起义军,100多年前定居在香格里拉县城,并形成了聚居区"北门街",修建了清真寺,还建立了陕西会馆。

居住在维西县的回族据传进入迪庆的历史要早于中甸的回族,并与德钦县开办矿业相关联。清雍正年间(1725—1735年),发现了升平镇的马鹿场银矿,大批来自山西、陕西(他们大多自称来自的一个叫烧鸡洼的地方)的回族进入这一地区开发银矿,并定居下来。

另一支进入中甸的回民来自杜文秀起义军的余部,大约1874年前后,杜文秀起义队伍曾两次来到中甸,受到当地藏族的欢迎,据《迪庆州三百年大事资料简编》记载:咸丰六年,回民起义军一支进入迪庆藏区,藏族土司头人代表到中甸江边境迎接。同年八月,又

---

① 李红春:《鲜为人知的云南"藏回"》,《中国穆斯林》,2006年第1期,第45页。

一支大理回民进驻中甸。清军对进入中甸的回民进行了血腥的剿杀，据《清实录》记载：同治三年丁丑（1864年7月1日），又谕（议政王、军机大臣等）……劳崇光赛克中甸等地，迭获胜战各折片。云南逆回杜文秀等分路中甸等处，经马如龙等进剿，将中甸、维西……个城次第收复。被剿杀的回民起义军少数突围到今中甸三坝安南一带，至光绪年间，因开发银矿才得以定居下来的。

近代以来，进入迪庆高原并定居下来的回族因居住地的不同，与藏族、汉族、彝族等其他民族的关系也呈现不同。近代，迪庆地区民族关系在地方官府腐败无能，时局动荡，内战和地方匪患层出不穷的背景下发生变迁。由西北逃难及云南各地而来迪庆的回族积极适应迪庆自然环境和人文社会条件，大量吸收藏族优秀文化习俗，并扩大与藏族的通婚规模，不断形成兼有回族和藏族文化特征的"藏回"族群。同时，因为藏族土匪多次对回族财产的劫掠和追杀，回族与藏族的关系也因此在很大程度上停滞不前，甚至倒退。

第二节 回藏民族关系的和谐

就云南"藏回"族群而言，其形成是在回族移民和藏族长期频繁的文化生活交往中，回族对藏族社会生活及文化积极适应的结果。在漫长交往历史的作用下，不同族际交往场域中的"藏回"族群受藏族宗教文化和社会生活的影响呈现地区差异。刚迁徙来藏区的回族面对强势的藏族文化时所做出的选择就是"入乡随俗"地主动去适应。他们讲藏族语言，穿藏族服饰，居住和饮食也同藏族便于生活需要，适应藏区特点；他们与藏族相互通婚以此解决民族人口延续问题；和藏族进行密切的经济往来从而能够长期生存，并结成亲密的友谊，形成民族互助联盟相互保护。几代人在藏族周围成长，他们耳濡目染对藏族的生活和文化很熟悉，对藏族的感情逐代增强，藏族和回族的民族文化都深深地烙印在他们的心灵上，对两种民族文化的认同是十分牢固的，他们筑构以藏族文化为其主要表现形式，藏族文化渐渐替代了传统回族文化，成为族群文化外貌的重要内容，回族文化变为族群心理的核心文化。我们可以知晓，"藏回"族群所发生的文化变迁和回族形成的演化路线相似，既现实生活中适应性地扩展和延伸，民族交往的深化及交融。"藏回"族群一旦形成，其文化结构便会一直发展传承，二元或多元的文化内容构成族群文化结构。这是迪庆回族与藏族关系经历接触、互动、碰撞、融合等历史过程的结果，不同时期所呈现的具体族际关系可以从"藏回"族群的迁徙历史来追溯。

改革开放推动了地区经济、社会及文化的互动，

第六章 和合共生:"藏回"族群的民族关系

促成了不同地区人口的大流动,同时在市场经济的作用下,传统社区与现代社会的关联日益紧密。经过对香格里拉的官方认定,并成功更名。迪庆州香格里拉市在旅游业的带动下扩大了地区间的交流,伴随人口流动的实现,藏、汉、回等民族的交往历史也呈现一个新的历史面貌。在此背景下,迪庆地区藏、汉、回、纳西、彝等各民族之间经济、社会及文化和谐关系不断得到巩固发展。

一、互惠共生的经济关系

现代交通与旅游业让清真食品成为现代回族经济发展的一个新起点,在经济方式转变的过程中,清真餐饮不仅成为解决回族饮食禁忌习俗而出现,还因其消费群体的多元化,经营的灵活性与持久性,使之成为族际交往最为广泛与密切的一种经济行为。因此,现代市场经济背景之下的清真餐饮业,对于回族民族关系而言是一个十分重要的动态观察内容。

香格里拉市城区回族移民的到来,因为旅游业与市场经济这一契机,密切了回藏民族的经济交往。因商业利益关联,回藏两族成为彼此经济行为的消费者和享受者,形成利益相关者关系。从餐饮业来看,回族仅是清真餐馆的一小部分顾客,回族清真餐馆的主要消费者是汉族、藏族、纳西族等。回族饮食以其清洁卫生、色香味俱佳而广为香格里拉市城区的各族群众喜爱。还有很多来旅游的游客，回族人家的特色菜，不同程度地吸引了这些顾客的到来，为他们创造了巨大的经济效益。藏族同胞也因出售牛马、土特产品从中受益。其次，来自兰州、宁夏的回族在香格里拉市城区的经济活动主要为开设藏族生活用品店和药店。他们所销售的产品都是与藏族生活密切相关的一些生活用品，如地毯、坐垫、铜器皿、斧头、雨衣、雨鞋、哈达、家具、窗帘、床上用品等。当地的其他一些民族也会购买一些回族所销售的具有藏族特色的商品，增加"风土味"。回族开设的藏医药销售店铺里藏药相对较为便宜，为无力支付高昂医药费的藏族人民提供了便利。最后，香格里拉市城区的回族还从事一些其他的行业，如建筑工程、牛羊屠宰、出租车、短途运送货物等等。

伴随社会经济的演变，生计方式的变迁，族际经济交往中能量交换已经失去主导地位，更多的族际经济共生显现出文化需求。传统小范围内的族群经济交往并不仅是族群自身劳动产品盈余之外的物品流动，有时针对某一特定族群的社会服务。也就是说，一个族群所生产或交换的物品并非是自身生活满足之余的货物处理，有时生产这些物品并不是满足自己生活需求，甚至是与族群文化传统相悖，生产的物品是专门为其他族群社会生活特制的。有时物品的生产或需求往往具有族群性象征标志，是族群文化或社会生活的一种象征符号，这些产品有很多，包括食品、服装、

第六章　和合共生："藏回"族群的民族关系

生活器皿、宗教用品、乐器等。商品将生产者、流通者和消费者密切地联系在一起，形成了密切的经济关系。如哈达是广大藏传佛教信众宗教生活中必不可少的宗教用品，而丝绸哈达的生产为汉、白族，贩卖者则为回族。在迪庆藏族自治州香格里拉市城区里中心区的长征大道、香巴拉大道、康定路和达娃路沿路分布了6家藏式商铺。这些商店均为回族经营，其经营货物极为丰富，所售卖的货物琳琅满目，涉及糖、烟、茶、马具、锅、碗、瓢、盆、服装、地毯、香炉、哈达、刀斧、药材、五金等。这些货物几乎涉及藏民日常农事、节庆、婚丧嫁娶的一切生活所需，专门销售给藏民。这些以藏民商店为名的商铺成为当前回藏经济互动的主要平台之一，也是回藏经济关系的重要方式。

哈巴旅游业的快速发展拉动了当地汉、纳西、回、彝几个民族经济发展，汉、纳西、回几个民族旅游经济的快速发展，逐渐成为拉动周围彝族脱贫致富的重要途径。龙湾边村中回族杨某在整个哈巴旅游中实力最强，在村中建有家庭旅馆，登山大本营建有旅馆，为登山者提供向导、马匹、食宿、装备等便利，先后拉动20余户彝族群众从事旅游行业，每年每户增加2 000余元收入。这也成为地方政府精准扶贫的一种新途径。

历史上，迪庆藏区回族、藏族、汉族之间的关系更多局限于地理空间和社会网络之中。如"藏回"族群在地缘基础上存在着千丝万缕的血缘、亲缘、姻缘关系，使得藏与回、汉民族保持着难以分割的经济关系和社会交往。外地回族来到香格里拉淘金，因为餐饮、藏族日用品、虫草等商业契机进一步活跃了藏区经济。回族的多种经济行为满足了广大藏族群众的生活消费，活跃了藏区的经济发展，密切了长期以来传统的经济关系和社会往来，进一步丰富和加深了回族与其他民族的关系。

香格里拉历史上便形成各民族经济共存互依的结构模式和文化传统。在改革开放的推动下，该地各民族经济模式发生了一定的转变。但是，各民族经济互助这一传统仍旧成为一个重要的现实，也即是说，现代市场经济的长驱直入并没有完全瓦解传统民族间互助的经济内容，而是作为一种新的形式或以更多的内容展现出各民族经济和谐互助的现实。以下是对香格里拉市几个不同地区的田野调查，具体讲述藏、汉、回等民族的和谐经济关系状况。

1. 中心镇汉、藏、回的经济状况及其关系

受到藏区环境的制约藏、汉、回等民族的经济生产主要与地理环境密切相关，同时还兼有其他多种经济生产方式。香格里拉市中心镇由于现代交通的便利，土地广袤和草场众多的特点，所以经济生产主要是发达的农牧业，同时还有货运、客运运输行业，部分族群成员还到城中经商和做些小买卖，其经济收入的来源是很广的，从乡镇的藏族人家的房屋、家具装

第六章 和合共生："藏回"族群的民族关系

潢和布置上都能够看到他们生活状况已向小康水平迈进。受藏族同化的影响，中心镇回族群众几乎完全同化，经济也与中心镇藏族群众一样，进行农牧生产，同时利用交通便利条件，大量进行运输业及旅游相关服务业。比如，出租房屋，经营商店，农家民俗旅游接待等。

2. 安南汉、藏、回的经济状况及其关系

安南村主要为藏、汉、回三个民族交错杂居的村落，在经济结构上几个民族都以放牧为主，兼进行农业种植。几个民族的经济往来极为密切，主要是因为几个民族之间极为频繁的婚姻往来，密切的亲属关系使得日常的农事活动中出现不同民族亲属之间的相互照顾和帮助。在雪山牧场里也呈现出几个民族家庭的牛群由不同家庭轮流看管，食物饲养相互供应的密切经济关系。如若由其他民族帮忙照看牛群时，另外的家庭会购买些香烟、面条、砖茶等送至看管者手中，以示感谢。整个村子的牛群几乎都是放养在一起的，一片区域内的牛群都共享雪山草甸和水源，没有划分出各自的固定区域。只有当夏季放牧结束，冬节将牛群赶回村子时各家才将自家的牛群进行认领。安南村回、藏、汉几个民族的经济往来主要基于亲属关系更显现得尤为密切和深入，亲属关系、朋友感情的凝聚使得彼此的经济联成一体，没有太大的民族行业区分和经济收入差距。

3. 哈巴汉、彝、回的经济构成及其关系

龙湾边村内每逢周日的"赶街"

汉、纳西、彝、回等民族进行物资交易

哈巴村没有藏族居住，周围主要是汉族、纳西族、彝族，其各民族的经济生产有一定的民族特性。回族与藏族相同从事农牧生产，放牧、打酥油、种地，同时部分人家从事运输及登山导游；汉族主要沿环城东线居住，以农业为主，同时进行旅游业和小商业，主要为旅客提供住宿、食物并以开杂货铺为主要的收入来源；纳西族与汉族经济模式一样。哈巴村的经济主要以农业和畜牧业为主。农业方面一般以小麦、青稞、蔓菁和洋芋作为主要的粮食作物，而以白豆和花椒等作为辅助的经济作物近年来也已经得到大力发展。哈巴"藏回"与周边其他民族的经济往来主要集中在回族租种纳西族的土地（古鲁坝），汉族、纳西族农作物秸秆出售给回族作为饲养饲料。回族的牦牛、黄牛出售给其他民族，回族成为区域内酥油的主要供应者。另外，近年来回族种植的花椒、白云豆等农产品也与周围其他民族进行物质交流。目前日益兴盛的旅游业，哈巴"藏回"与汉族、纳西族之间的交往增多，几个民族纷纷参加到旅游行业中，开展着各自不同的旅游产业，如汉族、纳西族因为居住于公路沿线，主要开设旅馆、饭店以及出售登山装备等，回族则因为放牧熟悉地形，大多充当登山向导。在旅游中，几个民族之间的交往更加频繁密切，这是一个新的经济交往方式。

4. 香格里拉城区外来回族的经济情况及与其他民族的互动

近年来，伴随香格里拉旅游品牌在国内外的热销，全国各地的回族纷纷因为旅游及其他商业活动来到香格里拉城区，成为新的回族人口。一方面，县城回族和藏族、汉族等其他民族杂居在一起；而另一方面，县城回族的分布又相对集中，从事同一职业的人大多居住在一起。

从全国不同地域来到香格里拉城区的回族，主要经营餐馆、商店，做虫草、松茸生意，从事宰牛等商贸活动。他们在城区经营回族餐馆的有53家，商铺有6家。这些回族大多集中分布在县城的中心区，如长征大道、香巴拉大道、康定路和达娃路周围。

回族具有擅长饮食业和经营商业贸易的传统，这在香格里拉城区表现得尤为明显。回族特别喜爱吃牛羊肉，这和伊斯兰教的饮食传统有关。伊斯兰教倡导食用牛羊鸡鸭鱼等，禁戒猪驴骡及凶禽猛兽之肉，所以在回族餐馆中，我们可以看到菜肴中牛羊肉菜占的比重很大。

在香格里拉的大街上，我们随处可以见到回民所开的餐馆。他们所从事的餐饮业，主要是为顾客提供一些基本的餐饮需要，早餐主要是面食，当然回民为了经济利益，也提供云南人喜食的米线、耳丝；午餐和晚餐主要提供一些家常的炒菜，其中最为主要的是回民特色的牛羊肉食品餐饮。香格里拉城区的清真餐饮业成为了回族从事的主要职业，也成为新时期藏区回族民族关系发展的一个重要方面。

2010年10月，我们在香格里拉的一家清真饭馆，

第六章 和合共生:"藏回"族群的民族关系

访谈了饭馆的经营者马敏,女,回族,丈夫马泽雄,大理喜洲上兴庄人。马敏有一儿一女,在逸夫小学上学,是义务教育,不用交钱。据马敏说:"我16岁就来到香格里拉县城和父母一起开饭馆,饭馆的房子是租的。父母1998年来了中甸开饭馆,2008年返回老家,现在饭馆由我们夫妇经营。一年房租三万五,收入大概几万块钱。每年过年才回去老家一趟,一般是大年三十才走,回去时间一般是10~30天。星期五时县城的回族都做礼拜,做礼拜的地方是宰牛场,回族在那租了几间房子用于做礼拜。在香格里拉城区的大理回族全部都去。做礼拜一般是男的去,女的在家干活。2009年8月10日—9月10日是斋月,斋月期间他们在家把斋,早上5点吃饭,晚上8点吃饭。过去在老家时,把斋的时候家里要炸油香,现在香格里拉县城就不炸油香。大理喜洲有5个村全是回族,每个村子都有阿訇。"

马敏丈夫:"大理过来的回族,大概开设了50家饭馆,其中有40多家饭馆是大理喜洲上兴庄的人开的,上兴庄有200多户,全是回族。维西县、丽江县也有去开饭馆,但大部分人在香格里拉县城。大理喜洲回族来香格里拉县的人,有开饭馆的,有做工程的,如大型挖机、压路机等,是两大行业。"

除了餐饮业以外,来自兰州、宁夏的回族在县城里主要从事商业贸易。在他们的店铺里,所销售的产品,都是与藏族文化相关的地毯、坐垫、窗帘、床上用品和日用品等。此外，我们还可以在他们的店铺里看到一些藏药和藏族工艺品的销售。在香格里拉城区的回族，除了主要从事餐饮业、商业贸易外，还从事一些其他的行业，如屠宰业、开三轮车帮人运送货物等等。

香格里拉城区回族主要是按照商业区位的选择而分布的。因此，我们对香格里拉城区回族分布的分析，就从其所从事的职业来进行。首先，我们来看回族商贸店的分布，香格里拉城区回族所经营的商贸店铺，主要是开设在县城的主干道长征路上。选择这一区位的主要原因是，该段街道人流量大，往来频繁，因而获利的可能性就大。其次，我们来看饮食业的分布，回族人所开设的餐馆，除了少数几家是开设在县城的主干道上，其他的多数餐馆是开设在主干道与主干道之间所连接的小街道上的。饮食餐馆的开设为什么不像商贸店铺一样开设在主干道上呢？究其原因，由于饮食业的利润并没有商贸店高，而主干道上的房租较其他的街道要高，因而选择附属街道可以减少投入，获取更多的利润。另外，主干道上人来车往过于频繁，让人在进餐时，难免感到心烦，而小街道上的人和车相对较少，可以避免人来车往的吵杂，顾客能更好地享受餐饮。我们可以得出，香格里拉城区回族的分布，主要是依所从事的职业而分布的，同一职业的人大多相对集中居住在一起。

新的回族来到香格里拉淘金，因为餐饮、藏族日用品、虫草等商业契机使得长期相对封闭的藏区民族关系一时间变得异常活跃。之前，回族、藏族、汉族之间的关系更多局限于地理空间和社会网络之中。同属一个区域，又有着千丝万缕的血缘、亲缘、姻缘关系，这些使得藏与回、汉民族保持着难以分割的经济关系和社会交往。今天，旅游业的推动，商业利益的诱发，新的大量回族移居而来，他们以自身的努力和热忱服务，活跃了整个藏区的经济贸易，满足广大藏族群众的生活消费。这些贸易和经济往来，打破了长期以来传统的经济和社会关系，以一种开放、包容、奋进的方式更加密切了藏、回、汉等民族之间的关系。

二、互动共享的文化关系

众多民族关系指标可以划分为两个层次，一是生活于同一区域内的不同民族之间历史上发生因为水矿森林等资源争斗、民族摩擦械斗等恶性事件；二是如果没有发生上述情况，或是上述情况极少发生，民族关系的指标则应该从不同民族之间彼此心理、文化、生活、制度，如通婚、习俗同化、偏见歧视、身份认同、语言借用等方面接触程度及相互影响程度来观察。

从"藏回"族群的形成而言，可见香格里拉藏、回两个民族的社会文化关系整体较为和谐。"藏回"族群便是一个鲜活的回藏和谐民族关系的实证，文化、生活习俗及心理的认同，充分说明了回族与藏族在频繁的社会生活中已经融合，这样的融合过程没有通过政治权利和宗教势力控制而实现，而是在自然的族际交往历史与现实场景中自觉完成的。通过对"藏回"族群社会文化结构的论述便可知这一地区回族与藏族存在着鲜活和丰富的社会网络及文化融合历史与现实。

就云南"藏回"而言，其形成是在回族移民和藏族长期频繁的文化生活交往中，回族对藏族社会生活及文化积极适应的结果。每当"藏回"村民介绍自身族群文化的特征总会概括为"一半一半"，即回族和藏族文化进行了有机的运用保留。他们与藏族相互通婚以此解决民族人口延续问题；和藏族进行密切的经济往来从而能够长期生存，并结成亲密的友谊，形成民族互助联盟相互保护。几代人在藏族周围成长，他们耳濡目染对藏族的生活和文化很熟悉，对藏族的感情一代代增强，藏族和回族两种民族文化都深深地烙印在他们的心灵上，对两种民族文化的认同是十分牢固的，他们筑构成以藏族文化为其主要表现形式，藏族文化渐渐融合成为"藏回"的文化主体，同时对伊斯兰教习俗化的传承，有机和谐整合为藏、回二元并存的文化结构。我们可以知晓"藏回"所发生的文化变迁和回族形成所经历的过程是相一致的，表现为适应性在现实生活中的扩展和延伸，民族交融的产物，是回族民族较强生命力的再次证明，同时又是对其他民族文化的积极吸收。

第六章　和合共生："藏回"族群的民族关系

伴随族群文化的变迁，云南"藏回"的社会文化结构发生了历史性的变迁，其社会结构也随之进行了相应的调整。我们知道云南"藏回"受到藏族和回族两种民族文化的影响，形成了兼有藏和回的新文化及其社会结构，在族群文化外貌上出现回中有藏，藏中显回的文化特点。通过调查，我们发现，安南与哈巴"藏回"现今都或多或少地保留了藏与回二元文化结构，藏族的生产生活及生存智慧被回族同胞所认可，并转化为自身族群重要的文化内容，回族的饮食风俗、传统食品（牛羊屠宰、食品制作）也纷纷被藏区各族群众所喜爱，文化的共享越来越使得香格里拉区域内各民族之间的文化互动得以强化，旅游业的推动更是强化了区域认同及文化之间的共享互动。

区域性的文化共享在安南回、藏、汉等几个民族中是较为典型的。安南回族与藏族、汉族的关系往往因为几个族群边界的模糊，文化的同质性日益加剧，所以几个民族之间的关系也主要表征为第二层次的民族关系模式。例如，安南回族老少妇孺皆精通藏语，并将藏语作为最为主要的交流语言，与藏族交往时使用藏族，同时回族内部也主要以藏语交流为主，部分日常生活工具及特殊的民族文化活动，如开斋、入斋、大小净、买衣特（亡人）、沙棉（装尸体的匣子）、都尔（祈祷词）等使用汉语、波斯语及阿拉伯语。这些用语的使用仅占较小的比例，仅是对自身民族习俗及特征的象征。在语言、服饰、生产、通婚等现实作用下，回族与藏族形同一体，回族对藏族文化由接受、适应，最后发展到喜爱，自觉传承。这与哈巴"藏回"情况截然相反，哈巴因为伊斯兰教传承，对藏族生活模式发生了相应地调整，部分摈弃，部分保留，民族边界日益明显。与此同时，安南藏族对于回族也表现为尊重、照顾和友好，丧葬时极为自觉尊重回族风俗，不抽烟喝酒，如是藏族家中有红白事，邀请回族参加的，一定会准备食材在回族家做几桌饭菜，充分考虑回族饮食习惯。平日里，无论藏族还是回族的劳动生产和红白事，藏族都会主动帮忙，两个民族相互照顾帮助。相对而言，回族对于藏族的所有风俗习惯都较为了解，藏族对于回族仅知道不食猪肉，其他风俗习惯了解不多，但是却能充分尊重。

安南这个面积不大，人口不算稠密的村寨，生活着汉、彝、藏、回几个世居民族。从历史来看，安南村落因为明清时期银矿开采而不断涌入外来人口才逐渐形成的。早期安南称之为"鹰南厂"，看见当时开矿兴盛。安南原先没有人口居住，伴随开矿的兴起，汉族、回族等外来人口大量涌入，其间也不乏有彝族、藏族等其他民族。在长期的民族交往过程中，汉族和回族逐渐学会藏语，适应地方气候和生产生活，不断融入文化相对强势的藏族社会。原先的汉族完全融入到藏族中，回族也部分融于藏族。与此同时，藏族及藏族文化也受到外来汉族、回族、彝族等诸多民族文化的影响，在现今的藏族社会中我们还可以看到原先

第六章 和合共生:"藏回"族群的民族关系

这些民族文化的身影。现今安南是一个藏族人口占绝对主体的村落,但是,安南藏族及藏族文化未成为典范。比如,直到2008年村中才修建了白塔,历史至今村中没有寺庙,村民的宗教氛围也不太浓郁,与同一地区奔子栏、尼西等藏族村藏传佛教繁荣兴盛形成明显的差异。另外,全村现今仅有一人在印度学佛,对民族传统宗教文化的重视程度也不太强烈。其次,据调查了解到,安南藏族丧葬实行土葬,没有水葬和天葬其他藏族丧葬习俗。

总体而言,安南作为一个多民族融合的典型村落,虽然藏族文化成为区域主体文化,但是汉、回、藏、彝等不同民族的文化交流和民族交往,并没有因此消弭殆尽。在安南回、汉共同发生藏化,回族文化大规模发生藏族文化借用的过程中,藏族对回族的文化与宗教也予以熟悉与尊重。在历史上无论是经济生产、生活互助,还是共同抵御外来土匪劫掠,安南各族之间能够相互形成互保联盟,地域性的利益相关共同体往往成为消除民族文化和心理差异的最大动力源泉。安南回、汉、藏之间相互熟悉,彼此尊重民族风俗。藏族、汉族对回族的尊重更多表现在丧葬习俗、饮食禁忌方面的尊重,这样的案例长期存在于回、藏、汉几个族群之间的通婚交往中。调查中了解,现年77岁的汉族杨大爷的妻子为安南回族杨氏,妻子去世多年,杨大爷随儿女搬到县城居住。杨大爷直到妻子去世后才吃猪肉,儿女也改口(身份为回族),孙辈则变更为藏族，每逢回族传统节庆和妻子忌日时都会回村为妻子"倒油"。这样家庭成员民族身份不同，却能够彼此尊重民族风俗的案例还很多。足见，安南各民族历经历史岁月的自然磨合，使得其中的不同民族和文化都自觉或不自觉地发生了互动，民族关系也由此向更为深层的方向迈进。形同一家，彼此吝惜，是安南民族关系的一个概括。

三、互尊共存的宗教关系

"藏回"族群的伊斯兰教宗教信仰整体比较淡化，所以宗教改革情况也比较突出。比如，安南回藏之间通婚历来频繁，回族对藏族亲友、邻村藏族人家的生产生活互助是极为真实和广泛的，在日常的生活场景中没有什么民族边界阻隔彼此生产生活。在回族和藏族看来，"我们是一个村的，是邻居，是亲戚。"这样的心理认同是形成"藏回"族际关系的一个重要基础。论及民族差异，藏族对回族的认识多集中于"回族吃饭讲究，不吃猪肉，人死了不用棺材，和我们不同，其他都一样的"。而回族的自我认知也集中在这些方面，对藏族的认识也多是"回族藏族都一样，只是我们吃饭上有些特殊"。回族和藏族彼此的了解不是很深，大多为生活的外层熟知，宗教内容也仅为风俗方面的简单了解。然而，回藏之间宗教的殊异，并没有形成彼此的心理隔阂，在宗教生活中相互尊重，加深彼此感情。

但凡结婚和丧葬，安南回藏相互帮助，无论是回族还是藏族，家里有客事办理，都十分尊重回族饮食禁忌，均要单独在"藏回"家筹办回族饭菜，藏族尽量帮助，如宰牛、做饭、待客、抬死人、挖坟坑等没有宗教禁忌的事情。平日里安南村"藏回"家的婚宴中并没有对抽烟喝酒予以禁止，而是有烟酒招待外族亲友。外族嫁入或入赘到"藏回"家，这部分家庭新成员不需要进行"入教"（皈依）仪式，仅需"改口"遵循猪肉饮食禁忌便可。其他婚后生活中，家庭新成员依旧可以保持自己的宗教信仰，煨桑、礼佛、朝圣都没有什么限制，只需"不要在我们回族家里弄就是了"。在安南"藏回"家的正屋通常能够看到"恩主福禄"字帖与活佛、班禅画像以及世俗领袖画像并行挂在墙壁上的画面，显示出这个家庭里伊斯兰教、藏传佛教、世俗领袖崇拜等信仰象征并存的特点。族群文化与宗教信仰差异并没有产生家庭矛盾和族际冲突，而是以多元信仰共存的形式实现族际宗教融合。

大部分的"藏回"家庭里，同一个家庭由几个不同民族成员，存在几种宗教的情况，一个主要的原因是族外婚的结果。一个"藏回"的父母与子女也存在着不同宗教信仰取向的事实。如德钦县的一个马姓"藏回"家庭里，父亲是回族，母亲是藏族（改口）。子女中哥哥入赘到藏族家，改信藏传佛教，还在户口簿上改了民族和信仰；弟弟到大理回族清真寺经文学校学习伊斯兰教知识，毕业后成为阿訇。香格里拉安南村"藏回"内部仅有一位杨国胜阿訇，其父母都为回族，妻子藏族（改口），姐姐外嫁藏族，改变了饮食禁忌。一个家庭其成员有不同民族、不同宗教信仰，这种情况以安南和德钦为最多。这也说明了宗教互尊是以民族融合为前提。相比之下，历史上一段时期里，哈巴"藏回"族群的宗教生活同样出现多元信仰共存，表现出宗教互融与共存的特点。

"藏回"宗教生活中显现出对家庭成员及亲友宗教信仰的宽容与理解。回藏两个民族的宗教互尊是相互的，藏族尊重回族，可以改口，回族也尊重藏族，变口改族。在"藏回"丧葬上，严格禁止烟酒待客，外族亲友也都毫不冒犯，十分尊重理解，不会在回族家抽烟喝酒，送葬时各族亲友都可以参加，其宗教礼仪也简化为这些亲友"洗了澡就可以了"（不是严格意义上的"大小净"），而下葬则必须由回族阿訇主持进行。亲如一家，既是同村人，又是亲戚，回藏之间的社会关系紧密相连，心理上的尊重认同也超越于族群文化边界，也使得其他民族与"藏回"的宗教文化之间形成一定的相互融合与尊重现象。

四、互融共通的婚姻关系

婚姻是衡量民族关系发展的重要条件，外婚制促

第六章 和合共生:"藏回"族群的民族关系

进了族际交往的深化,又加强民族关系朝着融合的方向发展。族外婚消弭了血缘、地缘及文化差异所产生的负向影响,实现了族际血缘新的融合,产生强烈的彼此认同。藏彝走廊回族婚姻制度的地区差异直接影响到了各地区回族文化、民族认同与民族关系等。对笃信伊斯兰教的回族群体来说,婚姻上实行严格一夫一妻的族内婚制,遵循"准进不准出"(要求其他民族对象皈依伊斯兰教)的原则。回族族内婚归因于回族伊斯兰文化与信仰面临的危机,逐渐在婚姻制度上采取族内婚来加以保护,回族人发现他们与异族通婚越多,他们族群自身的凝聚力越小。一系列因素和环节的互动发展,族群存亡的危机感和族群构建的紧迫感骤升,并最终导致回族关闭了族际婚姻大门,族内婚姻制度确立。[1] 整体而言,族内婚成为回族人口数量大、居住相对集中回族社会的主要婚姻方式。然而,对于回族人口数量少,以少数者身份进入其他民族地区,地理环境相对封闭,使得回族群体族内通婚难以实现,不得不使他们与周围其他民族通婚,实行以族外婚为主、族内婚为辅的婚姻制度。"藏回"社会婚姻制度对回族文化多样性的变迁与回族族群的实现产生直接影响,族际通婚的程度差异决定了回族群体的文化变迁与族群认同的现状。

---

[1] 杨德亮:《婚姻制度、族群意识、文化认同——回族内婚制度的历史成因与文化内涵》,《西北第二民族学院学报》,2005年第1期,第55页。

迪庆"藏回"族群家族历史中回族一直和藏族保持着传统的婚姻关系，特别是中甸县城、德钦升平镇的回族和藏族通婚更为普遍，有的家庭保持了几代的回藏婚姻。在香格里拉市的建塘镇及附近"藏回"村寨，因为长期的族外婚，这样的族际通婚关系最终使得回族逐渐被同化为藏族。三坝安南村因为家庭成员的多元化，藏化现象持久发生，并形成了"藏回"族群藏化明显，回族文化残缺，民族身份认同极为不稳定的现状。在藏化程度最明显的德钦县，一半以上的回族与当地藏族有亲缘关系，即使一个家庭内部都是回族，女儿也可能嫁给藏族，儿子也有可能娶藏族媳妇。几乎每户都有藏族亲戚，回藏通婚率甚至达到了50%以上，[①] 哈巴"藏回"的族内通婚现实影响着族群发生伊斯兰教传承与回族身份强化的认同现实，关键原因在于族外婚程度不高。因此，回藏通婚已成为迪庆藏区回族藏化的最主要原因和表现。

　　"藏回"族群与外族通婚比例以香格里拉市建塘镇与安南村，德钦县升平镇最为高，这些族外婚情况保持着单向流动的特点，具有明显的性别差异，即男性较少因婚姻关系发生民族身份变更的情况，除非入赘到其他民族家；女性则存在因婚姻关系发生民族身份变更的可能性，如若外嫁他族，这部分"藏回"妇女

[①] 丁明俊、周爱华：《云南迪庆藏化回族调查报告》，《回族研究》，2006年2期，第74页。

第六章 和合共生:"藏回"族群的民族关系

几乎都会改口,丧失饮食禁忌,回族认同也可能发生变更。以目前藏化现象比较严重的安南"藏回"为例,回族家庭成员中男性都可以与回族、藏族、汉族、纳西族通婚,娶各种民族女性为妻都不会改变家庭饮食禁忌与回族认同。但是,回族女性外嫁其他民族就完全放弃了饮食禁忌与回族认同,甚至是宗教信仰与丧葬习俗都被同化于其他民族。其中,一些外族女性嫁入或男性入赘到回族家,则需要改口,尊重回族饮食禁忌,但不是一定得要改宗信仰。从一些案例可以看出"藏回"族外婚的情况较为复杂,也明显表现出这些特点。

访谈1:2014年7月11日,安南村,农民,40岁,回族。

问:"大哥,你们村的回族文化比较接近藏族嘛,我了解到的情况是回族与藏族通婚比较多,是不是这样子原因造成的?"

答:"是了嘛,我们差不多是和藏族一样子的了。养牛、吃酥油茶,什么都一样一样了。都是因为和他们结婚了嘛,回族太少了么,村子里么都是藏族多些,也就只能跟藏族结婚了。我的媳妇就是藏族。"

问:"那你说说你和其他民族结婚的一些想法嘛?"

答:"我是19岁就结了呢。我们村才一共有十多家回族,人太少了,就没有几个和我们一样大的回族女人，没有适合的，和村子的藏族姑娘认识么，也喜欢么就成了嘛。"

问："你当时是因为没有其他合适的回族给是，其他人和外族通婚是什么情况和想法呢？"

答："就是了，我家是回族，阿爸也是想让我找回族的，不过没有啊，没有办法了么。我们这里的规矩是男人儿子了嘛，一定要留一个在家坚持做回族，不能变呢，其他兄弟姐妹就不管了，必须留一个是回族，有儿子姑娘的家么一般就是儿子在家做回族，姑娘外嫁就入乡随俗了。"

问："大嫂嫁到你家有什么仪式没有，像其他地方是要随教，有阿訇作证那种？"

答："不有得，我们这里不有阿訇嘛，老人也不会念经嘛，嫁过来么和我们吃成一样，老人我们都会交代她呢，不能弄那个（猪肉）。她也和我们吃成一样就是了，没有其他的要求。"

问："给要随教，信仰上要统一的嘛？"

答："不消，改口就得了。不用改变宗教，她的宗教我也不管，反正我们回族的，他们藏族的宗教都可以了，大多数家庭都不会说的，宗教么都是要人做好事的，不用去管那个。"

访谈 2：2014 年 7 月 21 日，安南村，ZM，农民，女 42 岁，藏族。

问："大姐，听你丈夫说你是藏族嫁来回族家的,请你说说和回族结婚的一样过程嘛?原因啊,婚后生活,习俗,宗教那些方面的变化?"

答:"我们结婚么小,十多岁就结了,结婚么是认识你大哥。只知道是回族,不过就是不吃猪肉,其他么还不是和我们藏族一样,小么也不知道太多,什么民族的,都是一个地方的熟人么,没有太多不同的。我们嫁过来么就是做家务了嘛,他们交代我做饭要注意些什么,主要不做那个(猪肉)就是了。风俗习惯么好像没有变些什么。"

问:"你们结婚你给要举行随教仪式,改口了,还要不要放弃你的藏传佛教信仰,来信伊斯兰教?"

答:"什么是随教,不晓得嘛,我们直接嫁过来就是了,好像没有什么其他的。我们藏族是信佛啊,观音菩萨的,没有变啊,在家不弄,在村里可以去烧香磕头的。"

问:"你的意思是,你和回族结婚还保留了原来的宗教,你的家人反对嘛?"

答:"没有什么的啊,我不在家里弄,他们不管的,我也不是很信了,过年过节才去烧香的。"

访谈3:2014年7月23日,地点——安南村,YGC,退休,男77岁,汉族。

问:"阿爷,听他们说您家是回族,还是退休职工,想请您介绍下安南村回藏关系的一些情况?"

答:"我的媳妇是回族,我是上门来安南的,我也算是回族了。"

问:"哦,你不是回族吗?他们介绍都说你是回族,我还以为你是回族。"

答:"我是汉族了,几十年来我都是吃回族饭,老伴死了,我还是不习惯吃回去(汉餐),所以还是回族呢。"

问:"像您这样情况的多不多,您的儿女的结婚情况和民族身份呢?"

答:"多的嘛,到回族家的男人女人都要改口,从回族家出去的也要和人家一样嘛。相互的嘛。有出有进,民族团结嘛。我有两个儿子一个姑娘,都当爷爷奶奶了。……(具体家人结婚情况见后表),现在么都没有是回族了,在昆明、中甸上班么,都不方便。儿孙都是找汉族藏族了。"

问:"你们那个时候和回族结婚的,和现在相比有区别吗?"

答:"差不多了,村子中的么都是有的回族讨媳妇是其他民族的都要改口,回族到其他民族家里上门做媳妇也会变口。以前没有现在多一点点。在外面工作的就差不多一样了,回族汉族都不讲究了。"

就安南村回、藏、汉通婚的现实情况来看,几个民族之间的婚姻往来较少受民族文化限制,表现出极为频繁的族际通婚现实。哈巴"藏回"的族外婚情况则有所不同,在以回族内婚为主的婚姻现状里,族外婚较少发生,且族外婚的实现不简单以"改口"为前提,而且还伴有一系列的文化与习俗变更要求。

总体而言,在历史与现实的族际社会交往中,迪庆"藏回"族群突显出的文化互借、宗教互尊、情感互勉、生活互助、经济互利特征始终是族际交往的主流内容。历史至今,民族关系在云南"藏回"族群的文化结构与族群认同中始终扮演着一个极其重要的角色,其呈现出内容丰富,特征明显,影响深远的特点,奠定了汉、回、藏、纳西、彝等众多民族交往的基本格局。迪庆藏区文化多样性与和谐民族关系成为的一个典型案例。

第七章

边缘启示:"藏回"族群研究的学术反思

> 地既圆形,则无处非中,所谓东西南北之分,不过就人所居立名,初无定准。

——清·艾儒略《职方外纪》

云南"藏回"族群研究进入学术界后便引起广泛的关注,一方面有关回族族群称谓的讨论,引发出对回族文化整体理论的再次讨论;另一方面有关回族文化多样性与民族关系的深入分析,使得传统回族研究在地域、视角、理论方面都有新的突破。因此,云南"藏回"的文化走向及认同现实对于回藏和谐民族关系的巩固、传统回族社会文化发展模式的重构、回族认同与文化自觉的关系梳理方面都有着特殊的学术反思意义。

第一节 回藏和谐民族关系的理论价值

一、"和而不同"的民族关系

迪庆回藏关系的历史与现状,具有典型的多民族文化交融特征,成为这一区域内和谐民族关系发展的一个缩影。正如前面所论述的,多元文化、多族群在自然生存条件恶劣的状况下,因为生产和生活所需而形成的互助互补关系始终是主流的。

从史料回望,云南藏区回族可追溯到元代。然而,真正形成"藏回"这一特殊文化群体则仅有100余年的历史。云南"藏回"人口稀少,作为较晚移居到迪庆藏区的回族,分布广泛,受地理环境影响,与藏族、纳西族、彝族、苗族等民族有着不同程度地接触。受整个藏区藏族文化大背景的影响,各地回族呈现出回族传统文化与藏族等多元文化交融共存的现象,其中受藏族影响较大,普遍出现了语言、服饰、生活习俗等文化外形的借用,经历藏族"文化披带",使得藏区回族的文化结构与云南乃至外省区众多回族大众的文化结构存在差异。因为兼有回与藏两大文化特征，云南藏区回族形成文化特征上独具特色的"藏回"族群。云南及全国回族主体与汉族长期杂居，文化上也不断与汉族社会相似，而更多在宗教文化及习俗特征上较具明显的文化边界。像云南藏区回族这样形成藏、回两种文化"一半一半"文化结构的现象实属罕见。"藏回"族群的形成丰富了回族文化的内涵，正因为这样，"藏回"成为边疆多民族地区回族文化现状的一个鲜活个案，也成为迪庆民族关系良性发展的一个典型。

历时近一个多世纪的"藏回"，其在多元文化和多族际的互动交往过程中，其自身群体的文化也不断发生变迁，并形成了如今不同村落、族际、文化"藏回"个体及群体认同的不同走向。伴随香格里拉城区和周围"藏回"村落的消失，对回族传统文化的日益淡化，反之对藏族文化进行借用、适应并认同。安南"藏回"由于受生存空间、族际关系的影响，同样出现了逐渐被藏族完全同化，以藏族文化生活为主要特征。同时对部分成员保留回族身份认同仍然存在于"藏回"家庭，部分成员的完全藏化或汉化，又有部分成员的"回族化"，使其"藏回"文化的身影一方面逐渐消融于藏族之中，另一方面又鲜明地显现于藏族社会。而哈巴"藏回"在地域、族际关系、人口数量上的特点，最终发生了回族认同的回归和宗教的复兴。"藏回"的多向认同现实，证明了回族文化的一个新方向。我们看到了文化特征近乎相同的三个"藏回"村落，在面

第七章 边缘启示:"藏回"族群研究的学术反思

对族群认同的选择时,所走的路径却各不相同。云南"藏回",使我们看到了回族社会文化的发展的一个特殊类型,兼有藏、回等多民族文化内容的文化特征,不仅再现了云南藏区民族文化相互交融的真实画面,而且也证实了民族文化推动族际和谐共存的积极意义。

地域差异、人口规模及文化力量对比都成为藏、汉、回、纳西等民族之间交往结果的决定性因素。就藏与回两个民族关系而言,香格里拉市中心镇历史上成为回族移居藏区的早期据点,一度人口众多,经济繁盛。后因屡次变故,加之现代社会民族划分与强势的藏文化持续作用下,逐渐使这一地区的回族文化消逝其中,其中有被动的政治压力和自觉的生存适应。总的来说,这一结果代表了藏回之间密切关系演变的一种模式。安南及哈巴地区的回藏关系呈现出持续的藏化和回族宗教文化回归,代表了两种截然不同的回藏关系模式。安南回、藏关系的民族边界日益模糊是长期经历通婚、生活互助、文化吸纳的结果。哈巴回、藏关系因为藏族村落的缺失,"藏回"文化特征上的藏族文化吸收及表征更多停留于祖辈的历史记忆中,对藏文化的接受和传承也仅是对族群生存的考虑,对自然人文环境的积极适应,这样的结果也更多展现了云南藏区民族融合、文化包容的历史传统。

对于云南藏区的"藏回"而言,主动追求传统回族文化和被动接受藏化是当前置于群体面前的两种变迁选择。在如火如荼的文化回归、宗教意识强化热浪中，哈巴"藏回"走出高山，实现了与内地回族同胞的交往。然而，现实生活依旧没有多大变化，他们依旧需要劳作放牧，依旧习惯喝酥油茶，热衷藏族歌舞。安南"藏回"同样与周围的藏族同胞保持密切关系，通婚、生产互助之中，"藏回"恪守自己回族的传统习俗，热爱藏族文化，适应藏区社会文化。哈巴和安南"藏回"将藏与回两种民族文化实现有机整合，是文化理性与历史变迁的选择，对自身民族文化资源的保护、传承和开发的实践，在多元文化主义热浪中"藏回"为我们提供了许多启示。可见，在构建和谐、稳定、繁荣迪庆藏区的建设中，必须加强"藏回"地方文化的传承力度，给予异彩纷呈的"藏回"文化更多的关注和肯定，以便更好地加以引导，培养民族文化的自觉性，最终实现民族文化优势资源的合理开发。

因为旅游业与市场经济这一契机促成香格里拉回族新移民的到来，这些新回族群体进一步延伸了回藏两大民族之间的关系。近年来，由于国家加大了对少数民族地区经济发展的政策倾斜，迪庆州、香格里拉市政府也出台了很多发展经济的优惠政策，使得回族在香格里拉经营餐馆和藏族的特色商品、藏药等。从省外和省内不同地域迁来的回族，在来到香格里拉城区后，基本上都是经商。伴随旅游业的迅速发展，不少外地游客的到来，给香格里拉带来巨大的经济利益，同时也给回族的经商行业带来了丰富的经济利益。首先，从餐饮业来看。每到进餐的时间，回族人家的餐

第七章 边缘启示:"藏回"族群研究的学术反思

馆就挤满了顾客,有回族,有藏族,也有汉族,还有当地的一些其他的民族,如纳西族等,同时还有很多游客。回族人家的特色菜,不同程度地吸引了这些顾客的到来,为他们创造了巨较大的经济效益。其次,藏族特色商品销售,主要是当地藏族家庭常用的的地毯、坐垫、窗帘、床上用品以及藏族用的碗、茶怀、藏刀等商品。当地藏族人家建成新房后,特别是城区的藏族人家,需要大量的特色商品对新建的房屋进行装饰。这些装饰品,大多从回族人开设的店铺里购买,藏族人民购买回族店铺里的藏族商品,是回族商店经济利益的主要来源。

此外,当地一些建筑项目的修建与装修工程一部分由回族建筑企业来承包。游客购买部分藏族特色装饰品,也给回族的商品销售行业带来了不小的收益。藏族建房,政府建办公大楼,来香格里拉市旅游的游客增多。同时,当地的其他一些民族也不同程度会购买一些回族所销售的具有藏族特色的商品。藏医药历史悠久,闻名古今,功效甚好。生活在农村的藏族人民,由于经济收入不高,无力支付高昂的医药费去医院看病买药,而回族所开设的藏医药店铺,藏药却相对较为便宜,为藏族人民提供了便利。来香格里拉旅游的外地游客,也会不同程度地购买一些藏药,送给亲戚朋友或自食。因而回族销售的藏药也会获得巨大的经济收益。

迪庆回、藏、汉关系真正实现了互动互融的现状,与"藏回"一样,迪庆汉族部分融入藏族,而汉族的一些传统文化则被藏族所承袭,往往在一个村落、一个家庭,甚至是一个个体中可以找寻到多元文化和宗教多样性的踪影。因为不同民族之间的接触程度差异,形成了各异的族际关系现实。总体而言,迪庆民族关系的基调是尊重差异、互助互学、团结齐进的,从生计、贸易、习俗、宗教等方面都表现出各民族文化互融的特点。虽然民族边界依旧清晰可分,但是却没有对民族关系产生阻碍,民族交往和认同往往超越族际边界,自然的族际互动和交往是迪庆民族关系的一个重要特点。

历史至今,长期的回藏杂居、经济互助、文化互融等是云南回藏民族关系的基础。两个民族之间社会生活的相互依存、彼此熟悉及互融共存,经历这一传统的延续作用,奠定了藏与回两个民族关系和谐的基础。同时,通过民族识别、民族区域自治、民族平等、文化多元等政治、社会及文化层面的推动,藏、回、汉等各民族关系夯实根基,获得政治庇护和动力支持。最后,通过日益密切的经济行为,藏、回、汉及其他民族之间的经济往来变得前所未有的频繁和密切。在此背景下而进行了更为深刻和广泛的经济、社会、文化的接触、熟悉与尊重,不断创造了各民族和谐相处,共同建设家园的美好局面。总之,对"藏回"族群认同与文化变迁的讨论,可以启发我们对迪庆民族关系进行新的思考。现今,对于族群认同、文化变迁与族

第七章 边缘启示:"藏回"族群研究的学术反思

际关系三者的关系和定位在"藏回"各村落都是不可置之不理的。文化互融、尊重差异、强化认同是对于每一个民族都不可或缺的,"同而不化",理性和自觉的调整自身族群文化和社会发展方向,积极融入主流,弘扬传统,以更加自信的姿态认识自己,了解"他者"将成为未来迪庆民族关系新的发展方向。

二、民族关系的问题与调适

香格里拉回族所表征的藏、回两种民族文化,在构建族群认同要素时必不可少地受到文化结构的影响。历时近一个多世纪的"藏回",其在多元文化和多族际的互动交往过程中,其自身群体的文化也不断发生变迁,并形成了如今不同村落—族际—文化"藏回"个体及群体认同的不同走向。伴随香格里拉城区"藏回"街道及村落的消失,对回族传统文化的日益淡化,日益对藏族文化的借用、适应并认同。安南"藏回"由于受生存空间、族际关系的影响,同样出现了逐渐被藏族完全同化,以藏族文化生活为主要特征,同时对部分成员保留回族身份认同一种存在于"藏回"家庭,部分成员的完全藏化或汉化,又有其他民族部分的回族化,使其"藏回"文化的身影一方面逐渐消融于藏族之中,另一方面又鲜明地屹立在藏族周围。而哈巴"藏回"在地域、族际关系、人口数量上的特点,其作为一个族群存在而划分出边界,最终发生了回族认同的回归和宗教的恢复。

"藏回"的多向认同现实，证明了回族文化的一个新方向。我们看到了文化特征近乎相同的三个"藏回"村落，在面对族群认同的选择时，所走的路径却各不相同。云南"藏回"，使我们看到了回族社会文化发展迈出了新的一步，兼有藏、回等多民族文化内容的文化特征，不仅再现了云南藏区民族文化相互交融的真实画面，而且也证实了民族文化推动族际和谐共存的积极意义。

不同民族成员构成的"藏回"家庭

然而，在现实中，民族文化变迁的发生有时会以对传统的更替和颠覆为代价。香格里拉原先"藏回"街道及村落的消失就是一个的现实。而此时哈巴村回族传统文化重建和宗教意识强化越来越表现出对原有

第七章 边缘启示:"藏回"族群研究的学术反思

"藏回"文化特征和认同的调试,其间,出现了对"藏回"二元文化结构予以否定和消除藏族及非回族传统文化内容的文化实践,似乎与中心镇回族历史相似。凭借民族同根血缘纽带与感情,在早期回归的过程中,哈巴村民凝聚力极度增强,村民生活得到一定的改善,村内一些不良的社会风气也顿时好转。然而,随着回归的不断推移,在此一系列新希望的追求中却因为文化变迁与社会调适间发生了时间和结构的错位和偏离,族群认同的个体差异未能够整合为一定的社会变革,文化变迁的速度、质量、程度、反应都令哈巴"藏回"群众始料未及。

随着对回归由不自觉或半自觉的认知过渡到对自身村寨社会、族群现有文化、未来图景等的自觉理解,这些地区回族在回族主体(大传统)与自身(小传统)之间定位与抉择过程中发生了困惑。另外,因为内地回族部分群众过度强调回族主体大众社会模式和习俗,携带"大哥意识"对哈巴"藏回"兄弟生活进行横加干涉,并因为风俗弃留的争论引发了一系的冲突。如"藏回"群众养牦牛的习俗被部分内地回族视为落后原因,提出"只要放弃养牛,就能做生意,生活就能改善"。对"藏回"妇女老人习惯穿藏服也表示不符合回族传统,而要求改为穆斯林服饰。一系列文化、信仰、生活的快速转型,特别是宗教传统的恢复使得回归到传统回族文化的"藏回"与周围其他民族、村寨民族内部、家庭成员之间的关系发生冲突和

261

破裂。在现实极为有限的民族人口状况与信息、经济困乏不便的压力下，哈巴"藏回"主要进行有限的民族内部通婚。同时，与周围民族兄弟相互婚配，在生产生活中都相互帮助，冲破民族藩篱，形成和谐融洽村寨往来和家庭关系。但是，随着回族宗教文化回归，婚姻关系日益狭隘，与外族通婚的条件需要以皈依伊斯兰教为基础，而内地与这些地区回族婚姻的往来几乎保持原有状态（主要是因为经济与地区文化差异）。与周围其他民族的关系往来如今仅保留在经济生产方面，还有原先结成亲戚关系的那部分人家。在结婚、丧葬、节庆这些最能加强不同人群感情的活动里，因为伊斯兰教的重拾，原来许多的节庆仪式和习俗都因信仰教义冲突而一一摒弃，如伊斯兰教结婚不放鞭炮、不喝酒，送葬不嚎哭、不带孝，不过春节、端午节、中秋节等，这些风俗的变更在回族群众内部及其他民族（亲友）之间增添了一个巨大的屏障，以致很多的外族亲友逐渐不参加回族亲友的各项节庆。在部分家庭中儿女外出工作，或成为政府部门干部，他们中部分民族身份已经发生改变（政治因素考虑），大多仍然保留原有的生活习俗，而没有加入村内家人的"回归"浪潮，也因为生活习俗等差异而致使家庭成员内部关系发生摩擦。此外，回归之前，哈巴"藏回"都主要显现为依靠血缘纽带关系的家族势力左右村民日常生活，而现今清真寺、家族、村民委员会三方力量之间在村日常生活事务中往往发生权力边界模糊，相互交涉，各自独立的三足鼎立现象，这样也影响了村寨社会的发展步伐。

在如火如荼的文化回归、宗教意识强化热浪中，哈巴"藏回"走出高山，加强与内地回族同胞的交往。然而，现实生活依旧没有多大变化，他们依旧需要劳作放牧，依旧习惯喝酥油茶，热衷藏族歌舞。在今天旅游日益发展的过程中，哈巴"藏回"独特的文化内涵，兼容并蓄的文化生活越来越吸引了国内外游客的兴趣。哈巴"藏回"如今依据得天独厚的地理优势，为游客提供食宿，充当向导，同时鲜活地传承着藏族文化和回族传统文化。回归后引发了一系列的对原有藏式文化生活的扬弃，经过村民们理性的思索，继续传承并更加自觉地保护着自身独特的文化和生活，从而逐渐实现了自身民族文化资源和地方自然资源的合理开发利用。哈巴"藏回"对自身民族文化资源的保护、传承和开发的实践，民族关系问题的调适为我们提供了一个十分鲜活的个案。

第二节 "藏回"族群研究的人类学反思

如火如荼的文化回归及宗教意识强化一方面对于哈巴"藏回"的长期形成的"一半一半"文化结构及认同进行了不同程度的调适，另一方面伴随文化调适过程中出现的文化震撼,不同群体对于文化变迁及宗教意识强化的认可程度不尽相同。随之引发出一系列的社会问题,进而引出我们对于"藏回"族群社会文化变迁的反思。

一、社会问题

哈巴"藏回"族群向回族传统文化的回归经历的是一个"二律背反"的过程,[①] 即因由族群社会群体及个人共同实现了对社会结构和族群文化较全面的调整,使其族群的身份意识,社会构建和文化内容多次完成了向回族主体社会模式的建构和运行。同时在这样回归变迁的实现或完成背后却导致了突显了一些新的社会问题,并且促成一些新的社会变迁动因的显现。换言之,哈巴"藏回"族群回归现象的整个过程都伴随出现了一系列的社会变动现象,动态的变迁过程形成了一个稳定与冲突、团结与分裂、激情与沮丧等结构相对的创新与保守共同合力作用的"二律背反"的社会发展状态。

在回归之后,哈巴"藏回"族群的社会在一段时期内是高度稳定的,村民普遍有回归意识,并用激情付诸行动。村民在文化与宗教的回归认知中消除了人

---

① "二律背反"概念借用于夏建中对新进化学派的文化进化论述特点的概述,即保守与创新的文化进化模式并存特点。此处我们借用此概念来概述"藏回"族群社会文化回归现象的本质特征。

第七章 边缘启示:"藏回"族群研究的学术反思

际之间存在的一些冲突,以及族际之间表面显示出来的利益争斗和民族偏见。但是在迅速完成社会族群内部整体性变迁的另外一面,在族群内部显现了新的冲突和矛盾,相关的社会问题一时间迸发。这些社会问题的出现打破了哈巴社会相对稳定均质结构的局面,回归现象中的社会问题说明了哈巴"藏回"族群经历了一个由族群原生情感向族群文化意识自觉发展的过程。因为回归现象是基于"藏回"对回族血缘、历史、文化、宗教为特征的原生情感纽带的再记忆和认同。相反在回归现象付出激情之后发生着族群从个体到群体对社会文化变迁之后的新的文化和社会外貌的理性思考和实践的转变,即族群对新社会文化结构的自觉认知。

接下来我们将视角转回这些社会问题本身,如今哈巴"藏回"村落能够标识族群性的象征符号正逐渐减少,而在老年妇女服饰、生产方式、饮食风俗等几个方面好明显地带有藏族文化的特征。在宗教文化和相关影响的生活习俗上明显地趋向回族主体模式发展。伊斯兰教作为超越地域和民族的宗教不仅在精神信仰层面对人类生活进行指导和满足,同时还深入到人类文化、认知、行为、社会制度等领域产生意义和作用,并严格按照宗教体系进行社会建构(尤其是生活方式)。所以,伊斯兰教的传承对哈巴"藏回"社会中多种信仰形式必然进行兼容、过滤和摒弃的整合。

在哈巴"藏回"现实中伴随伊斯兰教的复兴相应

对其他信仰形式的整合采取的主要方式是按民族类别来摈弃和变更的。在近一个世纪里"藏回"族群的文化揉和了周边纳西族、彝族、汉族和藏族的文化因子，精神信仰中也渗入了其他民族宗教的内容，尤其在节日庆典中很明显地携带了多种民族宗教文化内容。如火把节、端午节以及一些民族风俗共同构成了"藏回"族群的文化生活。在宗教和文化回归的过程中，与回族主体传统社会模式存在差异的文化和习俗大部分被列为变更对象，在族群意识没有获得更多提升的情况下来完成对回族主体传统社会模式的重构。的确，在变更的文化和习俗内容中一些是与伊斯兰教相悖的，但其转化相对而言是合理的。但同样存在着一些不合理的文化转变，也需要我们对文化和认同关系进一步的讨论。

（一）文化碰撞与调适

在对哈巴"藏回"村民"回归"认知的访谈过程中得知，他们在回归前的生活中日常娱乐和节庆的活动内容是很多的，因为他们对周围民族的节日都一一举行全村欢庆。而现在"教门"（伊斯兰教）恢复后这些不属于回族传统的节日均被禁止。平日里忙于生产，在冬季村里结婚人较多，在婚礼的举办中以往时喜欢彻夜歌舞娱乐的，而今天这些歌舞被认为有迷信内容的嫌疑而被禁止。我们具体了解到在婚礼中歌舞者从房外到屋内后的一些建筑物和围绕火堆歌舞，歌

第七章 边缘启示:"藏回"族群研究的学术反思

一般用藏语通过树木、星辰、家宅建筑来表达对主人家、新婚男女爱情、生活美满、幸福、安康和吉祥的祝福以及自我精神情感的倾述。此外过去扑克牌等消遣方式备受当地老少青睐,尽管没有赌博成分在其中,但是也被禁止(在私人生活中还是存在的,但是却不公开)。又如村中妇女长期习惯于穿藏装,这不仅能够适应高原寒冷气候,并且干活时十分便捷,但是在教门恢复之初来到这里的阿訇们指出这样的装扮不是回族的。今天村中藏装在中老年妇女身上还能够看到,其他的或许是遵照阿訇吩咐改变了,或许是自己对现代生活的主动适应。我们从伊斯兰教教义本源上找不到藏族服饰和一般娱乐活动的非法性理由,实际其只是与回族主体传统模式不同而已。更为甚者,据我们了解,云南内地一些经济发展较快地区的回族到访者曾经建议哈巴"藏回"放弃养牛,他们认为养牛占据了大量的人力和物力,定论为"人成为牛的奴隶",但同时却没有给予明确的经济发展建议。综上所述,部分外界回族对"藏回"的文化、风俗、经济的许多内容都进行了"一刀切"的划分和否定。

前文指明的是在"藏回"文化变迁的过程中面临着文化存留度与意识选择调适能力的问题,同时这样的问题还引致了族际关系新的矛盾和紧张。丧礼文化的变迁暴露出了哈巴"藏回"与其他民族的文化差异,也产生了不和谐的族际关系现实。以往在哈巴"藏回"的丧礼中一直都有对来宾放送孝布以示瞻仰和悼念,但是在回归之初这一习俗就对本族内部禁止，之后又扩散至族外亲朋好友。这虽只是一个很小的风俗细节，但是它却产生了严重的后果，主要表现在哈巴"藏回"与外族亲属的真实情感发生了动摇。对于其他民族而言是很难接受这一转变的，他们认为来参加丧礼没有能够真正表达出他们对死者和家属的慰问，自己也没有真正宣泄出自己本应该付出的感情。① 此外以前丧礼上要用烟酒招待客人，因为这些风俗与伊斯兰教是相冲突的，所以被一一禁止，尤其禁止了戴孝风俗，这样完全改变了原先的殡礼传统，外族亲友很难适应新的殡礼风俗。相同生命的终结，不同仪式形式的丧礼，产生截然不同的文化意义和功能，直接导致了回族与其他民族亲友关系的疏远。基于血缘、姻缘和地域社会关系网络的和谐、密切的民族关系正在不断被支解，现实的社会往来空间日趋狭小，现今对较为重要的婚礼和丧葬交往，哈巴"藏回"的外族亲友都很少参加。

（二）社会新问题

婚姻问题也成为如今哈巴"藏回"社会中一个较为突出的群体焦点。现代经济生产方式和意识的传播打破了传统农业社会的经济模式，还相应对社会制度

---

① 在伊斯兰教信仰教义中对死认为是真主对人的一种定制，人无力改变，不必过于哭泣痛苦，同时鼓励死者家属应该通过多施舍和祈祷的方式来为死者祈求后世进入乐园，而断定大肆哭丧方式是非法的。

第七章 边缘启示:"藏回"族群研究的学术反思

进行了某种程度的调适。哈巴"藏回"社会是很传统的农业社会缩影,现代经济和思想的传播还不广泛和有力。但是在群体社会文化发生了大规模变迁的前提下,婚姻模式的方式和具体运行也发生了相应的变化。出于认同和文化的建构,哈巴"藏回"男女青年在选择婚姻对象时自觉地萌发了一些优先考虑的条件,继续遵循"准进不准出"的原则,强调教内婚基础(之前是强调饮食合乎回族传统便可,没有宗教皈依要求)。我们知道在经济和文化教育基础长期都欠发达的哈巴村,"藏回"群众在文化回归到回族主体文化,但自身的社会建设还严重滞后,所以对婚姻实现的考虑在本地区是很难实现的。而我们知道婚姻不只是简单的情感实现,更主要的是经济的互助,以配偶相同条件为基础的婚姻是较为实际的。在回归之后哈巴"藏回"男性中大龄青年未婚现象很普遍,这不同于全国和回族传统村寨中早婚现象严重的事实。长期的婚姻困惑和失衡是个体婚姻认知与现实的失调,最后的婚姻行为还得回到现实的原点。我们调查到 2005 年冬季哈巴"藏回"村共有 24 对男女青年"扎堆"结婚,结婚对象大部分是本村人,且多为大龄青年。婚姻问题的出现是经济、宗教观念在婚姻制度上作用的表现。

另外,宗教的传承对于社会秩序的稳定,个体间矛盾的调和以及社会建设都能够发挥有效的作用。所以村落中存在的赌博、铺张浪费、酗酒闹事之类的社会不良风气在宗教层面的组织和控制下很快消除。但在哈巴宗教意识强化过程中，民族和宗教认同相互揉和在一起，宗教教义的宣传也采用这样的方式进行，从而产生出由于民族和宗教两种认同范畴和指涉内容的差异性导致二者思维认知能力相冲突，家庭矛盾在这里也迸发出来。在哈巴"藏回"回归之初村内共有45个男女青年集中学习宗教知识一年多，第二年到沙甸宗教学校学习的学生有22人，16人在三年后顺利毕业。从参加学习的数量比例看，这在全国回族地区都是很高的，这表明了哈巴"藏回"群体对宗教的传承是饱含激情的。哈巴"藏回"人家长年没有自己阿訇，对于培养自己阿訇是十分支持的，所以他们把自己的孩子送去学习，但是农村的主要劳动力是青年人，生产负担的加重足让哈巴"藏回"对学习宗教的支持减少，加之学习宗教知识的青年们利用所学知识来对家人的言行进行规劝，要求严格符合伊斯兰的生活方式。家长们对孩子的规劝在一定程度上是很难理解的，相反还认为自己宗教功修上的不完善（主要是针对礼拜）归因于繁重的生产，阿訇和海里发有足够的精力来学习和履行功修，他们的吃用所需都是他们供给，儿女严格要求他们履行宗教功修是对他们的不理解。家庭的矛盾便产生，哈巴"藏回"社会尊敬长辈的传统是很浓厚的，家庭也很和睦，而伴随宗教认知的差异带来了家庭的一些隐约矛盾，其实质在于哈巴"藏回"

对回族的认同更为强烈,[1] 这里再次证明了回族界定现实中回族—伊斯兰教认同关系的脆弱性和游移性（张中复2003）。

二、发展趋势

哈巴"藏回"的社会问题是社会变迁与原先社会结构整合作用的失调所致，与社会问题相伴，显露出新的社会发展趋势。

（一）宗教意识日益淡化

激情犹如火花流星，一闪即逝。哈巴"藏回"对传统文化的追求最初是饱含激情，他们全村上下一心积极热烈地投身于民族宗教文化的恢复中，在宗教的学习上尤为感人，在没有清真寺时他们不畏风雨集体礼拜，没有电灯照明就手持火把踏着泥泞乡路，妇女肩头背着熟睡的幼童全身心地敬拜真主。在访问中得知他们对宗教信仰的感人事件一桩又一桩。在教门恢复10年后的今天曾经那样感人的场景是少了许多，男女老幼在宗教的履行上也疏忽了不少，在回归的两三年内他们大部分人都按时礼拜，晚上清真寺挤满百数名来礼拜的人，还集中学习伊斯兰教教义。然而，

---

[1] 这样的心理在整个回族社会中是比较普遍的，许多回族群众十分激情地保持回族文化和宗教习俗的传统，而对更多的宗教功修的热忱是不够的，也便是只牢固维持自身的"回族身份"，而非"穆斯林身份"。

现在村里宗教的学习很少了，清真寺晚上礼拜的人也很少，只有十多个老人和中年人。据调查，哈巴村在宗教恢复之后先后派了三批学生去沙甸学习，大概有30多人，其中一半的毕业生成为阿訇，而今在哈巴这些年轻阿訇们履行礼拜的人寥寥无几，大部分已经不履行每天的五次礼拜，而参加集体礼拜（聚礼和节日会礼）。在村内部这些阿訇个人宗教表现对全村的宗教意识下滑起到一定的负面作用。以前，像丧礼这样的场合，村民都积极参加。因习俗变更，村民不再主动参与一些集体仪式。①

（二）民族交往走向封闭

由前文可知哈巴"藏回"风俗和婚姻模式的变革产生了不利于族际交往良性发展的因素，例如完全抛弃婚宴上使用烟酒招待客人的方式，丧礼上禁止发放孝布，不哭泣送葬的方式影响了哈巴"藏回"与其他民族真实的感情，长期在生活中结成的友好、互助和密切的族际纽带发生断裂。风俗文化内容的差异直接影响到了民族关系，尽管对民族关系真正起主导作用的因素在于经济利益、政治权利和自然资源的占有与分配，但是哈巴"藏回"在日常生活与生产及民族村落活动的实际中一直保持互助和谐的族际关系的局

---

① 我们调查得知，现今村年轻阿訇们对宗教功修的疏忽是原因的一方面，另一方面是在此基础上受到部分村民的打击而不愿意参加这样的场合，因为，这样的场合仪式的主持通常是阿訇来负责的。

面，受到影响。

哈巴"藏回"儿童的暑期辅导　　昆明大学生暑期支教

哈巴"藏回"族群社会和人际网络出现的问题主要因素为宗教仪式过程中不同的民族风俗习惯，这里可以再次看到仪式对于社会冲突的重要作用。仪式不仅是一种意义模式，它也是一次社会互动形式。……也导致社会冲突。[①] 外表表现出仪式上的变迁，实质上是不同文化互动过程中出现了冲突。如何整合调适族群文化与族际交往二者的关系值得我们去思索。

（三）社会调控多元因素并存

在历史上哈巴"藏回"社会内部行使社会组织的力量源泉来自国家村社机构，而在实际中对民族社会事务的管理力量主要在于家庭和家族。正如马林诺夫斯基在《文化论》中指明，宗教使人类的生活和行为神圣化，

---

① 格尔兹：《文化的解释·仪式与社会变迁：一个爪哇的例子》，纳日碧力戈译，上海人民出版社1999年1月第1版第192页。

于是其变为最强有力的一种社会控制。[①]凭借宗教文化的重建，族群思想上的认同也得到加强，对于族群社会而言无疑，产生了新的控制力。宗教生活恢复后，在哈巴"藏回"内部又增添了宗教这一股新的力量来行使社会控制权力。同今天全国其他少数民族村寨呈现的社会控制格局一样，宗教、家族和宗族作为新兴传统文化势力插足于现实中的社会管理，分享权利资源。伊斯兰教是意义文化体系，在哈巴"藏回"村社中形成了以清真寺为核心，阿訇和清真寺管理委员会为机构，众多"告母"（教众）为基础的宗教组织结构。

龙湾边幼儿园

---

① 费孝通：《马林诺夫斯基"文化论"》，《费孝通译文集》，群言出版社，2002年10月第1版，第273页。

第七章　边缘启示:"藏回"族群研究的学术反思

三种行政权利力量并存,在客观上有利于哈巴"藏回"社会实现有效的控制,但是由于各种权力势力相互间没有明显的权力范围划分,往往在实际的社会管理中相互交叉,而没有形成相互配合和合作的良好关系,所以给实际的村社管理带来诸多的不便。

第三节　"藏回"族群研究的回族学启示

对于云南"藏回"族群的观察研究发现,其文化多样性与民族认同的复杂性与流动性是焦点所在。的确,在今天学术界看来为何民族文化与宗教理念差异明显的"藏回",却悄然无声地实现了文化互融,族际和谐。其中有族群性的原生作用,存在族群边界的维护,有现代性(旅游)的推动,有家族精英的文化自觉等。然而,我们忽略了一个问题,这些解释都基于现代民族主义背景下的分析,具体来说是中国民族识别与民族身份确认后,民族实体与文化解释对应于固定的民族身份,经由国家认可被族群强化记忆与理解。在此之前,生活于同一区域的人群往往由家族血缘纽带联系,而文化是区域性共享的,包括语言、风俗、婚姻、社会组织、宗教等。同出于藏区的各民族,包括纳西族、彝族、汉族、回族等对于地理条件的限制纷纷做出了文化调适与变迁,这是一个漫长的文化进程，同时也与社会变动相随。族群记忆往往由家族来记述，文化性的人群划分不是很明显，更没有民族称谓，由此之下的历史过程中，生活于这一区域的人群交往密切，人群意识与文化差异同样存在。

另一方面，在云南"藏回"族群的生活迁移历史中，渐渐主动调适自身文化以适应地区生存，其历史中所发生的文化变迁与认同变化都有着连续性。也就是说，什么样的文化互动状态能够影响相应文化变迁的发生。但是，哈巴村发生以伊斯兰教传承为核心的"回归"社会变动是难以获得准确的理论解释的，因为就如村民自己解释的那样，安南村的伊斯兰教传承历史上一直都强于哈巴村，当哈巴顺利发生宗教意识强化之后，安南"藏回"群体却并不对宗教表示出热情。对于哈巴村"回归"的理解不能忽视其旅游业之兴盛，"香格里拉"世界旅游品牌对于哈巴村部分家族精英的刺激与鼓励，使得他们在寻求村落经济发展的过程中激发了民族主义热情。

目前，对于学术界中的"蒙古回回""白回""藏回""彝回""傣回"等群体没有统一的称谓。分别出现"回族派生族群"（姚继德2001）、"边缘性回族"（张中复2003）、"边缘穆斯林"（丁明俊2004）、"回族族群"（李红春2006）及"回族地方性族群"（冯瑜2012）等众多称谓。其中，边缘穆斯林的称谓略有所争议，从文化内容视角来看的确存在主流、核心。这些族群独立与回族传统主流文化形成一个个特殊案例，

第七章 边缘启示:"藏回"族群研究的学术反思

穆斯林的文化属性却没有主流核心与次要边缘之分,加之这些族群很多存在多元信仰并存的现象,不能简单以穆斯林身份代称之。另外,回族研究的传统范式以"汉化""族教二元一体论"等结论视为回族社会文化发展及民族认同的主流模式,民族关系也多以回—汉关系为主题。但是,这一整体性的回族理论视角是存在着解释缺陷的,"藏回"族群研究便是一个典型的案例。对云南"藏回"族群文化变迁与民族关系的探讨,对于回族研究、回族学的理论建构具有一定的学术启发意义。

一、回族文化的两种走向:主流与多元

云南"藏回"族群的认同现实给予我们新的启示。环视国内的回族研究,在很长一段时期里存在对回族研究的两个误区:一是回族伊斯兰教二元一体论的争论;另一则是回族研究中充满着回族一元论发展的论调,回族发展的"创始之门"早已关闭,主论"汉化"或"华变"自始至终是回族主体生存和发展所要经历的历史轨迹。[①] 像"藏回"一样的回族族群证明了回族不仅仅发生了汉化,还呈现出藏化、傣化、彝化、白化的不同文化互动,表明了回族发展的方向是

---

① 国内外回族研究表明,回族的历史发展过程主要是伊斯兰文明与汉族儒家文化的不断整合过程,伊斯兰文明的"本土化"特征是贯穿于回族孕育、形成和发展的整个过程的。

多维度，并没有单一融入到汉族社会，宏观上与汉族主流群体之间进行交往，微观上则与多元民族社会进行互动，同时还不断调适自身，逐渐应对全球化、市场经济、现代化。

二、回族认同的两种视角：聚拢与分散

整体而言，历史至今"藏回"族群对民族的身份确认是没有发生过多变化的，都自称回族，"藏回"是他称。而在实际的生活中很多习俗和文化表现为藏族的特征，也因为是群体回族对异族文化生活的适应，所以对族群文化构成的认可较为牢固，必然使得族群文化上向藏族文化倾斜，由此对"藏回"的他称也是容易接受。如今在文化宗教的回归后这样的认同情况发生了一定的变化，由历史上回族传统宗教文化的淡化和隐蔽转化为现今群体对回族传统宗教文化的突现和显露。内地回族惯于将这一变迁称为"回归"，重回到回族的文化世界之中，这样的话语定义，意味着"藏回"族群特有的文化，在严格划分上不属于回族文化体系内容。很显然这一简单的定论是不足以成立的，在极其悲壮的族群生存史中，"藏回"族群的回族认同始终是主流，尽管文化发生了新的变更，但是我们却不能摒弃和忽略族群文化适应的价值和意义。正因为这样，我们有必要对回族及文化的民族性定义进行商榷。

第七章　边缘启示:"藏回"族群研究的学术反思

从"蕃客""胡商"到"回回",最后形成回族,称谓的演变背后揭示的是经济、文化、政治权利以及身份、地位和认同的发展过程。中华人民共和国成立后的民族识别,将一直游离于文化特殊群体和种族群体之间的"回回"身份确定为回族,作为一个民族实体而存在,并予以法律上保护。今天我们所共知的回族定义,即在语言、服饰生活上与汉族几乎没有差异,信仰伊斯兰教的群体。回族的形成是伊斯兰文明与汉族儒家文化的相互融合结果,回族由雏形到形成的整个历史便是不断被华化、汉化的过程,回族的历史发展也呈现出这一特点。伊斯兰教先知穆罕默德曾经教谕:学问虽远在中国,亦当求之。[①]当时的中国唐朝虽不是伊斯兰国度,但却因为先进的科技文化而闻名世界,穆罕默德鼓励圣门弟子们学习中华文化,此名言也成为首次倡导伊斯兰文明与其他文明之间进行文明对话的重要宣言。接受汉族文化是回族整体的社会文化运动路径,而在中国边疆存在着众多的回族村落,人口稀少,居住也较为分散,在与其他民族的密切交往中渐渐吸收了这些民族的文化成分,被称为"藏回""傣回""彝回"等,与这些民族文化发生文化多样性的互动。

基于回族认同的历史与现实,就整体与个案的文化实践与认同情况而言,笔者提出"聚拢式认同"与

---

① [埃及]曼素尔:《圣训经》,陈克礼译,清真书报社,1954年。

"分散式认同"两种视角。将回族历史中历时性结构下呈现了回族不同地域文化人群特征上整体趋向于回族身份及传统文化认同的特点概括为"聚拢式"的民族、族群认同;而将回族历史中共时性结构下呈现的多元文化特征的新兴回族族群的多元民族文化的认同,并牢固认同为回族的特征概括为"分散式"的民族、族群认同,两种认同方式并存于回族社会,是回族历史纵横发展、个性与共性、点与面的现实表述。

有学者将中国回族所呈现的文化特征进行了划分,有主体和边缘两类,"藏回"等回族族群被列为边缘性回族范畴。[1] 无论主体或是边缘,文化要素存在多大的差异,类别的族群特征独立于实际的族群特征,族群认同首先是相互的归属和认同。[2] 回族主体与族群之间相互认同的现实便说明他们是一个统一体,这便是回族划分现实中的"聚拢式"现象。它能够将多样性文化特征的回族族群并入回族整体中,"合而不同""同而不化"的文化互动在这里亦发生作用,回族多元文化发展空间在这一时期实现了。与聚拢式回族认同相对的是"分散式"的划分视角,其对回族研究也是极为重要的。边缘性回族(或族群)在现实中发生的回归或是认同应该给予他们对自身文化发展道路选择的

---

[1] 张中复:《回族现象的"点"与"面"》,《回族研究》,2003年第2期,第61页。

[2] 纳日碧力戈:《现代背景下的族群建构》,云南教育出版社,2000年10月第1版,第51、63页。

第七章　边缘启示:"藏回"族群研究的学术反思

充分自主性,通常情况这些族群对其他民族文化和生活方式的接受是发生了认同意识能力的适应性外延,即对原生文化充满情感的同时也认同于并适应的新文化形式。所以在对他们社会文化变迁的驱动和发展前景不能够仅从回族主体的角度去要求和评判,而应该尊重他们的现有的文化结构,进行充分的相互理解,即使用分散、兼容、多样的视野去面对和理解族群多元文化存在的意义。回族研究一直停留于主体回族社会的文化、历史、发展模式的理论建构,而对"藏回"一类的边缘族群社会文化的关注不足,缺乏回族与其他民族社会文化互动关系的探讨和论述,这样来建构中国回族整体社会文化的理论是不完整的。近年来国内外一些学者对于回族边缘族群的研究中使用社会学和人类学的理论和方法,其成果是很可观的,[①]并进一步丰富了回族研究的内容。而回族边缘性族群的研究在对中国回族整体理论的建构是十分紧迫的,"分散式"的研究视角在这一历史重任中起到粘连历史与现实中不同回族群体的作用。

这里针对回族划分的"聚拢"或"分散"视角的关系辨认,我们可以借用文化人类学理论中的"大传

[①] 赫苏民《二十一世纪:世变方激,中国回族研究急需社会学人类学的大视野》强调对不同地域和不同文化特征回族社会个性的关注,从而获得对回族整体性的建构;而直接对回族族群进行专业研究的有:马维良、李耕砚、徐立奎、马海云、马宏武、陈波、周传斌、段继业等对"藏回"的论文;马维良、李佳、冯谕对"傣回"的论文;马维良、赵卫东对"白回"的论文;王玉霞对"蒙古回"的论文;以及马维良、赵卫东"彝回"的初期报告。

统"和"小传统"概念。① 回族主体文化结构中的形式与内容可以称为回族社会的大传统,也便是今天中国境内所能够看到的回族主体所表现出"汉回"特征和发展前景。将诸如"藏回"之类的回族族群中形成的文化—族群之间的互动结果和结构则视为其族群内部的小传统,这样一来可以将回族社会中的大传统对于小传统不断作用并使之同化归为其中,而小传统对大传统的影响相比却是很难扩散开来。正是小传统受制于大传统的压力而发展艰辛,也便是"藏回"族群内心矛盾心理的另一根源。

聚拢和分散相结合的视角在审视纷繁复杂的回族历史文化现象时能够发挥优势,能够全面客观地进行现象与认识间的互通。两者既是回族"合而不同""同而不化"发展主线的展现,又是今天世界文化多元主义的行动努力的方向。可以得出定论的是民族大家庭中部分群体对传统文化的变迁并不一定直接表明对传统文化认同的丧失,而相反表明了更普遍和灵活的新的文化、生活、价值模式的探索;只要保持民族各个群体与其他群体心理认同的相对稳固,紧紧围绕民族整体社会与文化的前进发展,那么可以获得民族整

---

① 雷德菲尔得提出的"大传统"和"小传统"概念与我们"藏回"和回族主体关系的比较是借鉴式采用的。其中雷氏的"大传统"是指对社会群体中的少数者内省式的,"小传统"属于多数人非内省的,这样的概念内容与此处我们的界定差异较大。此处我们仅试图以"大传统"指代回族大众主体社会模式及文化,以"小传统"指代诸多回族边缘性族群的社会模式及文化。而雷氏这对概念间互动关系的解释直接被我们借用。

体和个人共同和谐发展。

四、回族文化与认同整合：多元与自觉

人类学顾名思义是以人为研究对象的科学，人类学分支众多，而与其他研究人类科学的基本区别在于人类学研究强调整体性、文化相对论和拥有自己特殊的理论和方法。文化人类学对于人类不同民族、种族、族群的文化研究尤其关注。族群的定义在人类学界争论已久，但无论何种定义都共同强调族群是拥有相同文化和社会结构，并依次在内部成员心理意识上产生强烈的认同和归属感。族群在很大程度上以文化为最基本特征来进行解释。社会文化变迁是族群研究重要的内容，因为人类学的理论和研究视角是发展的，认为一个群体社会文化的历史是动态的，而非静止不变。由此，人类学研究是以族群为核心，又以社会文化变迁为族群研究的中心视角。

已逝的中国社会学、人类学大师费孝通先生首次提出"文化自觉"，并强调中国人类学研究对自身文化立足于世界未来文化格局时应该予以自觉。费老对中华民族多元一体文化发展格局的构建之后，对民族文化的未来长足发展高瞻远瞩地提出了新的历史使命和寄托。通过世界不同文化体系的历史性把握，反观于中华民族文化的现实状况，"文化自觉"便是对应时代要求的关键所在。在这里我们觉得对"文化自觉"的

理解从另一角度可以表述为不同民族（或族群）的整个群体及个体意识对自身文化所处于的内外环境、发展前景、历史变迁能够达到认知层次和行为上的一种相互统一的自然状态，也便是自觉的知与行。

让我们将视角移回哈巴"藏回"族群文化回归现象的再认识上。紧接前一章节我们对回归现象背后出现的社会问题及社会新的变迁趋势进行探讨。社会结构和文化整合作用的失效虽然不会彻底瓦解社会文化的原先存在，但是能够导致社会文化与社会结构发生冲突。[①] 具体而言，"藏回"族群在向回族主体文化模式回归和建构的过程中出现回归热、速度快、历时短、范围广等特点明显，从宏观分析是社会文化整合的断裂所致，而具体分析是群体意识对社会文化变迁认知能力和个体接受能力发生了脱节。客观上群体和个体意识层次的差异性，揭示了该族群对文化变迁和社会结构重建的认识还没有实现自觉，也就是对自身文化发展缺乏自觉性。由此，对回归现象是值得反观和再分析的。

对回族族群文化回归现象的反思，让我们认识到平衡经济、政治和文化利益的同时，更应该关注族群和个体文化自识及变迁参与的理性抉择，最终达成整个群体层面社会运动和文化变迁的文化自觉状态。

[①] 格尔兹：《仪式与社会变迁：一个爪哇的例子》，《文化的解释》，纳日碧力戈等译，上海人民出版社，1999年1月第1版，第171页。

第七章　边缘启示:"藏回"族群研究的学术反思

费孝通教授将"文化自觉"解释为"是生活在一定文化中的人对其文化有自知之明,并对其发展历程和未来有充分的认识"。如何认识传统与现代、自我和他者、经济发展与资源开发,以及民族、族群和国家、世界的关系,一系列的所谓"现代性"的问题值得思考。其中,对处于传统与现代两者尴尬抉择境地的应对措施,已从"一边倒"抛弃另一边的"极端"行为渐渐转向调适和整合的"折中主义"行为。应该获得一致认同的是传统文化于现代文化生活方式的整合和协调是今天地球村民共同努力的目标和实践过程,不同的文化不同民族自身大多采取了"取其精华,去其糟粕"的、开放的、积极的态度;而对于自身民族文化考虑更多的是继承、更新、发展、开发、利用和保护等方面,与现代及其他文化进行交流和对话时,对自身文化的地位、价值、发展的审视时不可或缺地做到自觉、自知之明是必不可少的。同样,对于回族而言今天面临信息化、经济化、多元文化的冲击,不同区域的回族群体和个体都不约而同地受到此浪潮袭卷,如何在保留传统的同时融合现代文化的积极、鲜活、理性、民主、人文等多元因子,使回族民族文化走出中国,走向世界,值得重视。

(一)多元互动:回族文化结构的特征

翻阅历史我们不难发现回族从孕育到雏形,再到形成心理、文化共同体及最后形成民族,其民族文化的形成以中华多民族文化为基础,以伊斯兰教信仰筑构起民族心理的重要基础,兼有阿拉伯—伊斯兰文明和中华文明两大世界文明。仅从回族这一民族称谓上我们确实在确认其政治身份时很容易忽略了其所蕴藏的文化内涵,"汉语穆斯林"或更为扩展的"中国穆斯林"虽然在一定层面上对回族的文化特征给予注视,但却狭隘地将回族所具有的民族文化属性囿限于国家政治概念下的地域(国籍)和语言之下,而没有诠释其文化本质内容。回顾新中国成立后的民族识别历史,回族被确认为55个少数民族中的一员,也就是说中国内地与汉族杂居,文化较为接近汉族、宗教信仰为伊斯兰教的群体被识别为回族。

解释这一疑问,我们需要重新审视回族形成的历史。唐朝大食国遣使臣访华,随行有大量商人,也有宗教传教士,以此为中国伊斯兰教始入华的起点。唐代海上贸易的极盛迎来了大批的阿拉伯、波斯商贾,他们沟通了中阿、中伊(伊朗)两国的经济往来,同时也以"润物细无声"的方式实现了文明间的交流和传播。这样的贸易虽因王朝的更替和战争的废弛几度兴衰,但由于唐、宋、元时期推行积极的对外政策(而没有后来明清的"海禁"),保障了海路贸易畅通,中国同中亚、中东地区的贸易依旧频繁。大量的商人、使臣、工匠和传教士逐渐定居沿海和内陆大城市。其后裔并没有成为封建中央政权的"编户齐民",而以"蕃客""胡商"来称谓,后来这样的称谓因为与中土

第七章 边缘启示:"藏回"族群研究的学术反思

女子婚配而演变为"回回""回回人"。至元时已是"回回遍天下"的发展景象。蒙元之际,强盛的军事征讨,大量的中亚穆斯林将士、工匠在中国的统一和戍守过程中渐渐形成"色目人",一部分即为新的"回回人",并流散到中国内陆及边疆各地。从蒙元"回回人"政治、军事地位的显赫过渡到明时代"十回保明"的传说,可见"回回人"的地位也较高。而对于相对封闭实行"族内婚"和"教内婚"的"回回人",明太祖朱元璋为能够较好地统治人口众多的"回回",下令凡是回回必须同汉民通婚,违令者处以刑罚。融合政策作为明代对待"回回"的主要指导思想,至此时同汉族的语言、服饰、建筑、经济、生活诸多民族属性成为"回回"的共同文化外貌和特征,更为广泛的民族共同体形成了,这样的发展脉络一直持续到新中国成立。面对体系完整、世俗性强的汉族儒家文化,回回群体血液中流淌的伊斯兰文化不能回避拒绝,更不该抵制,而是以对话来整合两种文化。历史证明,正是有这些创新才延留了族群及文化的"星星之火",直至此时回回人和伊斯兰教最终实现了"中华化"。回族形成的历史清晰地向我们呈现了今天回族所呈现的"大分散,小聚居"的地理居住格局,兼有伊斯兰文化特色和汉族等多民族文化特征的回族文化特征,农商结合型的民族经济以及民族族源结构多样性的特点奠定了回族民族社会文化的活动空间,即进入汉族主流社会,适应汉族儒家文化为主要路径,其间不乏对其他民族文化进行筛选，合理有机地吸纳优秀的文化因子丰润自己民族文化。综观历史，这样的文化发展路径在回族历史中是主流。

(二) 多元整合：回族文化的发展方向

文化是多元性共存发展的，民族或族群认同也并非是一成不变的。历史记忆、文化类型或传统社会结构都可以导致相应的认同行为发生，认同具有层次特征，而文化、社会、经济的因素并不直接决定稳定的族群文化和身份认同。民族或族群认同总是在国家政权、经济实践、文化传承、族际交往、心理构建等之间进行博弈。就回族而言，面对"汉回"主流群体及"汉化"的主要文化发展方向的现状，早已不仅表现为接受汉族文化，进入国家的政治、文化和经济中心。在回族边疆区域生存的那些众多的族群，文化的结构格局早已不再表征为传统的"回族"及文化。对于这些族群社会而言，面对的问题是既要加快步伐赶乘"现代性快车"，又要对传统、民族、族群等进行新的建构。今天，无论是政治形势，还是经济竞争，文化的保护和开发、资源的利用和节约，所需思考和抉择的维度是多层面的，在各异的标准坐标中都可以得出不同的结论，所以在今天充满竞争、冲突、差异的"大时代"，如何载乘时代潮流帆船，驶向富足、先进、文明的"理想国"呢？这是置于我们面前的一个重大课题，文化自觉可以说是统摄力量源泉、前进方向、

第七章 边缘启示:"藏回"族群研究的学术反思

创新发展的重要前提。我们所寄予期盼的是在多元文化结构下的回族认同以文化自觉的理念来积极实践文化互动、族际交往、社区建设和民族认同。应该看到,孔子所云"君子和而不同",以及费孝通先生"各美其美,美人之美,美美与共,天下大同"的和谐文化和人际关系成为时代的呼唤。

在概述了云南"藏回"族群的形成、族群历史记忆以及不同族群在文化和社会及认同层面的互动和整合之后,我们应该展望的是"藏回"族群的未来。云南"藏回"族群的社会文化变迁与当今时代潮流不谋而合,这一现象的出现并非归因于民族情感的偶然联接,相反是历史积淀与时代作用的结果。

正因如此,云南"藏回"族群成功地完成了民族文化的回归。"藏回"族群的认同现实让我们知道了他们内心中原生情感的释放和文化理性间存在的自我无奈、困惑的心理状态和尴尬发展境地与现代社会里族群及其文化生存空间所面对的无法跨越的不公平话语支配的困境。从积极面上看,族群极其文化的提出是对文化多元主义和文化相对论的回应,而在拯救、保护和关照族群这样话语的前提之下,族群一方面要努力适应现代性的挑战。

就"藏回"族群而言,在民族生存空间的强烈竞争下,民族文化边界的不断消解,对新文化的添加、借用,最终的心理底层构筑其新的认同结构。

今天"藏回"族群社会文化变迁的不同走向最终

促成了社会新的变革，我们从其社会文化变迁、族群认同的了解中获得的启发颇多。我们知晓了在研究族群文化及认同现实时应该从族群文化核心、社会网络、地域环境和文化资源等几个方面考虑，并结合文化变迁机制和适应机制的认识去全面地分析和解释，从而能够得出自己的理解（即做到"主位"和"客位"的有机结合）。对"他者"的关注是对自我认识的新起点，在"他观"之后必然要求对自我的反观，以获得认知上的完整和提升。"藏回"族群研究的初衷是通过对其文化的解释来弥补那些对自己民族文化支离破碎的认识，同时反思自己意识与无意识中的那些封闭的、狭隘的、肤浅的、父子传承的回族主体民族文化中心主义成分。文化是共享的、互存的、相对的，是冲突的磨合剂而非是祸源，国家、社会、个人、种族、族群和民族都是在文化和文明之间频繁地发生着历史与现实的互渗。从理解别人中获得对自己的认识。我们对像"藏回"族群的关注实际是对自我人认知的一中鞭策，也是理解"他者"的一次实践。云南"藏回"族群所身处的多种文化互动时空，进行的多样性文化抉择，形成了一个回族历史文化新的个案。这一个案丰富了回族文化的汉化主流与多元共生的观察认识，显现了"藏回"族群"求同存异"与"同而不化"的生存智慧，以文化共生的理念实现了群体生存发展。

与此同时，其群体微观世界里族群边界的模糊与隔离体现了个体、群体、家族、村落等不同主体在不同场域的文化实践与身份建构过程。传统学界解读"藏回"族群认同的变与流变,回族身份的固守与变更存在多种理论依据,原生论、工具论、边界论对其都有所解释。族群认同是个体的,是主观的,是个人的心理认知的表述,所以可以看到历史和现实中"藏回"个体对于回族身份存在强烈认同、漠视或随意的差异。这似乎说明了族群性和族群边界的模糊或不存在。然而,哈巴、安南"藏回"村落显现出村落高度一致性的认同,证明了族群性的存在。"我们是回族,只不过是有些像藏族,一半一半",这一表述中突出了族际边界的客观性。

(三) 文化自觉:回族文化的历史主线

漫长的历史岁月,居住于华夏大地的"回回"日益融入汉族社会,在语言、服饰、建筑、经济、伦理、待人处世方面几乎同于汉族,而在饮食、宗教礼仪、心理归属等方面始终与汉族区别。不可否认伊斯兰教在回族整个形成及发展的历史进程中起到极其重要的作用,它构筑了"回回"彼此的心理基础,并由此产生牢固和一致的认同。在中国历史很长的时期里将伊斯兰教称为"回教",伊斯兰教作为回族民族文化及心理认同的主要源泉,在回族的形成过程中起到不可替代的作用。我们知道回族文化中很多有着汉族文化的烙印,深深地表述了伊斯兰的精神和价值意义。虽然通过儒、道、释等多种文化形态的"文化披带",但是群体文化的核心还是伊斯兰。通过伊斯兰教折射出来的伊斯兰文化同中国多种民族文化相交融，共同构成了回族的文化结构。

从回族形成的历史脉络中我们易于发现，早期的中西文化交流的发生是历史潮流的趋势，与客观形势相吻合。当时的中亚、阿拉伯及波斯穆斯林来华人数不多，这群"天方"之人各自带着不同的目的来华，伊斯兰教／文化在中国并没有很快产生影响。这里我们推断因为没有很直接的宣教目的，伊斯兰教／文化并未成为一种意识和文化潮流广泛地被国人所知，而是以润物细无声的方式停留于中国历史时刻画面中。基于血缘基础的伊斯兰文化传承，始终成为"蕃客"、"答失蛮"（元称谓）、"回回人"等群体文化的一种发展"惯力"，这样的特点决定了回族文化的发展方向终究要以伊斯兰教为民族文化的核心。与汉族大规模通婚的结果使伊斯兰教奠定了最初的"中国本土化"的基础，打开了婚姻制度这一环，文化之间的接触和交融变得容易。可以推测的是当时这些外籍穆斯林多为男子，迎娶汉族女子为妻，其后裔在母亲的教导和养育过程中必受到母方文化背景的熏陶，并由此塑造心理和认知结构。

回族先民来华起初社会地位是很高的，有使臣、商贾、将军，而这样的地位不可能世袭于人数众多的"回回人"。其新的语言、服饰、建筑、伦理、待人处事等方面都形成新的心理文化认同的共同体，中国自

第七章 边缘启示:"藏回"族群研究的学术反思

隋唐以降形成的科举制度成为其步入统治阶层的主要渠道,成为人口不断繁衍的"汉语穆斯林"获得群体生存的主要捷径。入私塾、遵循"孔孟之道"成为回回群体的共识,在文化教育的作用下,"汉语穆斯林"们在文学、政治、军事、经济、科技等方面取得了辉煌成绩。中国本土的儒、释、道以及汉族传统文化渐渐被"汉语穆斯林"所承袭,而伊斯兰教的文化身影仅为浮光掠影般地在宗教仪式和日常生活特殊的场景中呈现,出现了"经文匮乏,学人寥落"的困境,民族文化的发展状况可想而知是何等缓慢。日益发生"华变",族群传统的伊斯兰教信仰也不断受到挑战。这成为当时制约中国伊斯兰教发展的关键,"经堂教育"和"以儒释经"的兴起正是对这一遗缺的弥补,而这样的文化自觉并没有要求穿梭回到"天方"圣城阿拉伯,回归到曾经祖先的生活面貌。相反,有着伊斯兰教文化传统和中国本土文化传统的双向认同,中华文明和伊斯兰文明的整合已经成为回族文化的核心特征,所以对传统民族文化的改良或是变更并不与这一特点悖离,而是要促成实现两种文明之间新的融合。借鉴私塾教育新一代穆斯林青年系统规范地学习宗教文化知识,借用汉语词汇(经堂语)进行宗教教义的阐释,糅合儒家思想及众多学派思想来系统全面地对伊斯兰教经典进行注释解说,并经过王岱舆、马注、刘智、马复初等学通儒、释、道、伊的"经学宗师"们完成了"以儒诠经"运动。积极吸纳宋明理学,用

"回儒两教,道本同源,初无二理"来建构新的文明对话。"经堂教育"和"以儒诠经"共同的历史功绩在于丰润了汉语言和儒家文化内涵,并由此成功地使用汉语来阐发伊斯兰教神学思想。其中不乏对两大文明哲学研究的拓展,[①] 经过这样的文化改良,回族固有的伊斯兰传统文化获到了延续和新发展,实现了阿拉伯—伊斯兰文化与中华文明的对接。至此,经过回族文化的"学说化"阶段,[②] 他们也因此成为"回儒对话"的先驱。

纵观回族文化发展的历史,走进汉族主流社会进而吸纳文化是回族主体所呈现的文化发展模式。而由于历史原因形成了今天中国国内众多"蒙古回回""白回""傣回""藏回""彝回""壮回"等回族新兴族群,并出现了泰国"秦和人"、缅甸"潘泰人"以及乌兹别克斯坦、哈萨克斯坦等国境内的"东干人"。诸如此类的回族新兴社区和群体的形成不仅延伸了"大分散,小聚居"的居住格局,不能够漠视其是回族文化多元发展的结果。同样,伴随都市回族流动人口

[①] 杜维明认为刘智和王岱舆等人成功用将古代汉语来对伊斯兰教神学思想进行阐释,是为哲学领域的工作,并将刘智与利玛窦进行比较,认为刘在中西哲学和神学方面比较研究的成就远远高于利氏,参见杜维明《回儒对话的哲学涵义:以刘智和王岱舆为例》,2005 年 11 月银川"文明对话与文化自觉国际学术研讨会"的主题演讲。

[②] 纳麒将"以儒释经"看为是回族文化和民族发展步入学说理论化的完成标志,见于《传统与现代的整合——云南回族历史·文化·发展纲论》,云南大学出版社,2001 年 1 月第一版,第。

第七章 边缘启示:"藏回"族群研究的学术反思

的频繁发生,传统社区经济的发展不得不融合现代的信息科技,以至于传统的文化和思维必然发生相应的转换。现实中诸如婚姻、生活、教育等领域的传统结构已经不能支撑现代性的要求,新的建构势必成为时代的呼唤。

众多民族转型的历史和现实经验说明,拆除和抽空传统而以现代模式建构的实践结果极少可以说是成功的,完全剥离传统及民族文化来获得民族社会的现代性适应犹如"削足适履",甚者会使民族、国家和社会产生混乱。传统和原生的民族(族群)文化承载的不仅仅是历史记忆和意义的表述,还是未来发展不可割裂的动力源泉。

回族作为中国本土文明和阿拉伯—伊斯兰教文明融和的产物,始终无法割舍任何一方,不断适应和整合两种文明,培育出积极、奋进、开明、先进的文化因子成为永久的重任。的确,回族从语言、服饰、生活习俗、政治、经济,乃至心理认同中的国家认同、民族归属的定型,以及经堂教育、门宦制度、"以儒释经"的发展都是伊斯兰教本土化的过程。多元民族文化的借用,并由此形成相应的认同,应该理解为是回族对新文化新生活的积极适应,也是文化自觉的表现。

文化具有共享、互动的禀性。随着人群活动空间的日益拓展,不同民族文化之间的传播、接触和借用是很频繁的,环境、政治、经济等因素影响下的文化互动是复杂的。中国众多新兴回族族群的出现正是在此条件下形成的、在原有民族文化传统的基础上将其他新兴的民族文化吸纳，实现了文化的自觉过程。在此我们不该忽视的是回族由早期的"侨民""蕃客"身份到"色目人""回回"和"回族"的国民身份，文化的变迁，将阿拉伯—伊斯兰文化融入到多元一体的中华多民族文化格局之中，其文化自觉的实践过程是漫长而持久的。而回族族群的出现，并且主体对回族民族文化的认同，使其成为回族文化的新内涵。我们从中获得新的启示，打破我们传统单一的文化视野，无论是对回族历史及其现状的"他释"还是回族自我的"自述"，都不能或缺文化多元共存协调发展的共识。而对回族自身而言，对自我文化应该用理性、完整、聚拢式、分散式的视角从而达到文化的"自觉"是极为重要的，对此也是应该给予重视的。

参 考 文 献

中文著作（按时间排序）

1. ［埃及］曼素尔编：《圣训经》，陈克礼译，清真书报社，1954。
2. 《古兰经》，马坚译，中国社会科学出版社，1981，4。
3. 甘肃省民族研究所编：《伊斯兰教在中国》，宁夏人民出版社，1982，9。
4. 云南省编辑组编：《云南回族社会历史调查》（三），云南人民出版社，1986，12。

5. 杨兆均主编：《云南回族史》，云南民族出版社，1989，9。

6. 石弈龙：《应用人类学》，厦门大学出版社，1996，5。

7. 白寿彝：《回族人物志》（上、下），宁夏人民出版社，1997，3。

8. 夏建中：《文化人类学理论学派》，中国人民大学出版社，1997，7。

9. 段志诚主编：《中甸县志》，云南民族出版社，1997，8。

10. 郑凡等编：《传统民族与现代国家：民族社会学论纲》，云南大学出版社，1997，12。

11. 张文勋：《民族文化学》，中国社会科学出版社，1998，10。

12. ［美］格尔兹：《文化的解释》，纳日碧力戈译，上海人民出版社，1999，1。

13. ［美］爱德华·W. 赛义德：《东方学》，王宇根译，三联书店，1999，5。

14. 费孝通：《中华民族多元一体格局》，中央民族大学出版社，1999，9。

15. 马维良：《云南回族历史与文化研究》，云南大学出版社，2000。

16. 纳日碧力戈：《现代背景下的族群建构》，云南教育出版社，2000，10。

17. ［德］康纳顿：《社会如何记忆》，纳日碧力戈译,上海人民出版社 2000,12.

18. 安萨里:《圣学复苏精义》,商务印书馆,2001,1。

19. 纳麒:《传统与现代的整合—云南回族历史·文化·发展纲论》,云南大学出版社,2001,1。

20. 陈庆德:《发展人类学》,云南大学出版社,2001,9。

21. 陈庆德:《经济人类学》,人民出版社,2001,10。

22. [英]拉德克利夫·布朗:《社会人类学方法》,夏建中译,华夏出版社 2002,1。

23.《费孝通译文集》,群言出版社,2002,10。

24. 费孝通:《论人类学与文化自觉》,华夏出版社,2003,2。

25. 刘群主编:《迪庆藏族自治州志》,云南民族出版社,2003,10。

26. 马戎:《民族社会学:社会学的族群关系研究》,北京大学出版社,2004 年。

中文论文(按时间排序)

1. 吴燕和、袁同凯:《族群意识·认同·文化》,《广西民族学院学报》(哲社版) 1998,3。

2. 孙九霞:《论族群与族群认同》,《中山大学学报》，1998，2。

3. 赵卫东：《文化变迁视野中的族群边界—对邓川坝子"白回"族群的人类学考察》，云南大学硕士研究生论文汇编，2001届。

4. 杨文炯：《缘变迁及其文化影响—以兰州市回族穆斯林族群社区调查为个案》，《回族研究》，2001，2。

5. 杨德亮：《制度·族群意识·文化认同—回族内婚制的历史成因和文化内涵》，《西北第二民族学院学报》（哲社版），2005，1。

6. 廖扬：《全球化与族群社会变迁》，《黑龙江民族丛刊》，2005，4。

外文文献

1. Racial and ethnic group/R. T. Schaefer Glenciew：Scott, Foresman and Company, 1988。

2. Ethnic groups across nationalboundaries in mainland Southeast Asia/Edited by Gehan Wijiyewardene Heng Mui Keng Terrace：Institute of Southeast Asian Studies, 1990。

3. Ethnic identification in a complex cicilities：Who are the Lue /Michael Merman California：Center for Southeast Asian Studies Institute of international Studies U-

niversity of California Berkeley. 94720。

4. Being lue: use and abuses of ethnic identification/ Michael Moerman Clifornia: Center for Southeast Asia Studies Institute of international Studies University of California Berkeley, 94720.

5. The pluralist: a quarterly journal of social and literary criticism, 1965, volume, 2。

6. The human group /Geprge C. Hromans London: Routledgd&Kegan paul Ltd, 1951。

7. Regional cults/Edited by R. P. Werbnet London: Academic press, 1997。

附　表

1. "藏回"族群历史大事记：

（1）同治元年（1862年）陕西白彦虎回民起义。

（2）迪庆藏区回民定居点建立。

（3）中甸中心镇回民到来，"北门街"形成。

（4）东坝藏族土匪对中心镇回民劫掠，回民向安南迁徙。

（5）1900—1920年安南金矿发现和开采，新的回民村落形成。

（6）1920年东坝藏土匪再次劫掠和向哈巴迁徙。

(7) 1921年哈巴龙湾边和兰家村回民村落形成。

(8) 十一届三中全会的召开，哈巴回民民族宗教恢复。

(9) 1999年沙甸基金会阿拉伯语学校教师学生到达哈巴，哈巴宗教意识开始强化。

(10) 1999—2000年沙甸和纳家营回族资助哈巴"藏回"修建清真寺，哈巴雪山清真寺和香格里拉清真寺建成。

(11) 2003年哈巴"藏回"阿訇培养成功，首批4名学员毕业。

(12) 2005年4月哈巴回民幼儿园开办。

2. 哈巴"藏回"历史上曾经培养的阿訇人员名单

第一批：1932年6人师从德钦升平镇阿墩子马民胜（三年）

龙湾边：杨国玉、杨阿洪、枣七二、杜阿康

兰家村：兰福贵、杨阿合

第二批：1945年6人师从大理喜洲阿訇（姓名不知，一年）

龙湾边：杨永康、杨永正、杨永安、杨尚恭、兰美成、崔贵芳（猝死）

第三批：1986年5人师从大理洱源三枚村王正邦

阿訇（三年）

龙湾边：杨仕昌、杨国东、杨丽强、杨成凯、兰文忠

第四批：2002年6人到沙甸基金会阿拉伯语学校进修（二年）

龙湾边：枣国红、杜云忠、杨红光、曾丽芬（女）

兰家村：杨东、兰思月（女）

第五批：2003年15人到沙甸基金会阿拉伯语学校进修（二年）

龙湾边：杨红盛、杜云灿、兰雪伟、兰雪琴（女）、杨绍珍（女）、杨艳（女）、杨仕美（女）、杨仕梅（女）、枣云芬（女）、杜云香（女）

兰家村：杨虎成、杨仕诚、武成志、兰卫平、兰翠花（女）

3. 报告人名单

龙湾边村：杨尚德　男　80岁　小学文化　务农
兰文亮　男　71岁　小学文化　务农
兰文选　男　66岁　小学文化　务农
杨　云　男　63岁　小学文化　务农
杨　凯　男　60岁　小学文化　务农
杨仕林　男　43岁　小学文化　务农　清真寺

管事

　　兰雪伟　男　31岁　初中文化　务农　清真寺伊玛目（领拜者）

　　杜云武　男　33岁　初中文化　务农

　　杨丽昌　男　31岁　小学文化　务农

　　枣国红　男　31岁　初中文化　务农　毕业阿訇

　　枣国东　男　24岁　小学文化　务农

　　杨红盛　男　24岁　初中文化　务农　毕业阿訇

兰家村：

　　兰卫红　男　36岁　初中文化　务农　清真寺管事

　　杨红军　男　30岁　初中文化　务农

　　杨　东　男　29岁　小学文化　务农　毕业阿訇兼幼儿园教师

　　杨仕诚　男　24岁　初中文化　务农　清真寺阿訇

安南水磨房：

　　马罗兴　男　57岁　中专文化　务农　三坝小学校长

中心镇旺池卡村：

　　马奶奶　女　80岁　务农

后　记

　　与云南"藏回"的相知结缘初略算前后共有15年的时间，其间包括大学期间暑期的乡村支教的社会实践经历，硕士阶段毕业论文的调查与撰写，2009—2012年云南藏区民族文化课题研究。而私下里对于"藏回"族群的关注与联系是从未间断的，多次的工作学习与生活往来使得我与香格里拉"藏回"成为了朋友和亲人。在这里我将与"藏回"的结缘一一细数，这也是我构思这个书稿的一个原因，更为重要的是，对我的学术成长给予关心帮助的师友亲人借此表示感谢。

　　最早得知"藏回"存在是2006春节。说起来最早得知云南"藏回"确实是个偶然，缘于我的故友李正海，记得那时是2000年10月的国庆节期间，李兄有事来昆明小住几日，也借故看望我。我们促膝而谈人生和信仰，话语颇多，往事穿梭，一晃近乎十载已过，对当时的谈话中提到的事件今天在我脑海中早已十之八九逸去，但是我至今仍能记忆犹新的有一件。李兄问我知不知道在中甸藏族地区有回族居住，我当时却是第一次听过此事，所以对此也是十分的好奇。从李兄的介绍中我得知在哈巴雪山的山脚居住着100多户回族人家，他们是清末回民起义逃去的，生活条件十分艰苦，回族的特征保留很少，仅知道不吃猪肉，其他很多已经同藏族一样，被外界称为"藏回"。而在2000年前后云南沙甸和纳家营回族同胞帮助他们传承伊斯兰，在国庆节期间沙甸回族还帮他们过了第一个"古尔邦节"。李兄便是去过节而回家路过昆明的，他说据自己这些年亲身到过的回族村寨伊斯兰信仰最为虔诚的地方要数哈巴的回族村了，还记得他描述，因为夏秋时节村里还有零星降雨，男女老少来礼拜的人站满整个清真寺，天黑山路淤泥积淀几尺深，他们打着火把和电筒，来到清真寺，妇女背着婴孩虔诚祈祷……。有着相同的民族认同，更因为有着一样坚定的信仰的他们深深地打动了我，发生在故友身上的和看到的那一幕幕哈巴故事足已让我激动流泪，我想这样的场景只能够发生在哈巴。

在那时我就为那感人的场景真情流泪一番，也是机缘，在2003年我有幸继续进入研究生的学习，并选择了新的专业——民族学，在和导师张实教授的一次偶然交谈中我提到了"藏回"，导师亦师亦友十分谦虚，对我的意见也是常常采纳和听取，对藏回"的研究得到导师的鼓励和支持，所以我在研究生第一年里便已经决定以"藏回"作为我的学位论文研究主题。真是与"藏回"几次结缘，一是在研究生的第二学期暑假里昆明回族企业家资助我们几个回族在校大学生前往哈巴"藏回"村为村中中小学生补课的支边活动，在十余天的上课、村民家访和休息循环模式下，自己虽然很累但却很是执着，也在我们的体验中走进了真实的哈巴。二是同年我和同班同学仓促之间共同申报了一个云南省教育厅人文社科基金项目，是以"藏回"研究作为参报的，原以为是可能不被资助的，而在下一年我们突然得知项目批准了的消息，这时我真正觉察到"藏回"研究的价值所在，也加深了将之作为我学位论文的信心。另一的机缘是2005年4月初来自北京9位平均年龄在70岁的回族老人到云南旅游，我由人推荐有幸负责这些老人的随行导游，在滇西北方向的行程中哈巴"藏回"村是其中的一站，我相对熟悉哈巴所以带队也自然轻松些，这样我公私之事均有顾及，又到了哈巴。最后在民族文化研究领域里，我的两位学长先后对云南"白回"和"傣回"进行了专业的研究生学位论文撰写，所以我也再接再厉，以"藏回"研究来与之相呼应。两次到哈巴是同样的时节（两遭泥石流），但是所体会的哈巴"藏回"生活现实却是不尽相同的，尤其是2005年8月在一个月的调查中，对哈巴两回族村的历史、文化、宗教的着重调查，加深了对两村整体社会文化的认识。2013年7月到访安南"藏回"村，这里社会状况与哈巴截然不同的是他们回族传统民族文化越来越被藏族文化所代替，回族被藏族同化现象明显，而不像哈巴"藏回"发生了回归。所以在对代表几个不同社会变迁现状而有相同文化结构的"藏回"村落的对比后，自己获得了"藏

后记

回"族群文化和社会变迁较完整的认识,并探讨了形成族群认同现实的原因分析。

有人说过写作既是一种自我的释放,是将自己最真最深刻的那种感情穿插与文章行文之中。我刚写完书稿就马上感觉到对自己笔墨描绘下的那个时空,那群人和所有关于他们的讲述都远离了真实,莫名的陌生感使自己几番萌发撕毁全文稿页的念头。我和"藏回"有着无法割舍的情与缘。"经验相近"[①]和情感归属使我能够更多与"藏回"获得内心近距离的交流和互通;"经验相远"和客观理性的学科训练则让我能够将我和他们之间的对话超越于情感,我想这也与人类学研究中"主位"和"客位"观察解释角度相互结合的不谋而合。在文章行文中对宗教信仰和宗教文化的历史追述和现今变迁的篇章文字是很多的,这应该归因于自己对这方面的相对熟悉和兴趣,而对于不同"藏回"社会文化变迁的对比论述和分析是不够深入的,社会学理论的学习也很缺乏,这是自己深感无奈和痛惜的。此外,令我深深感到研究困惑和无奈的,甚至可以说是痛苦难以理智做出抉择的是随着对哈巴"藏回"社会和人群的不断熟悉,彼此的真挚友情也不断增强,他们给予我的那些无法用言语表达谢意的帮助使得他们的喜与乐牢牢地牵动着自己心弦。在为他

[①] "经验相近"和"经验相远"是当代美国人类学家格尔兹在其著作《地方性知识》首先提出。前者可以与"主位"相对应,后者可与"客位"相对应。

们喜悦迎来回归的同时，他们生活的烦恼、村社矛盾、利益冲突以及亲属亲情疏离也越发突显，在他们对我的完全信任之后，我仅出于论文写作的需要而将他们告之我的所有属实的记录下来，而这些在村中被掩藏和秘密评议的"村里故事"被我这样一个来客所公之于众是对他们对我信任的一种背叛，又让外界知道他们村社的"丑闻"，而让他们内部造成许多新的矛盾，这些是我最为难以内疚的。而我的选择还是自私的，我如实地将我知道的一切记录下来。我想在内心自责的同时向哈巴父老乡亲表示真挚的歉意，原谅我的自私，我的初衷至今没有改变，我只希望他们能够简单地、更好地生活，我希望得到他们的理解。

对一个民族（族群）历史的追述我或许还能够把握，而像社会结构、文化构成、认同分析等许多的论述则真是力不从心。全书完成后终知人类学学习的难度实为对自己的挑战，我仅能够做到前后瞻顾而已，不失杂乱便是万幸，更不奢求有所成绩。故此希望无意查阅此拙文的学者朋友见谅并多加指点。"藏回"族群的历史与现状研究是暂告一个段落了，在这里此论文则为抛砖引玉，而对于"藏回"将来的关注还需要自己的不断深入学习和研究以及其他友人的共同参与才是。我们大家放眼未来共同努力！

要再次向哈巴村的所有给予我无私帮助的村民表示谢意，没有他们的热诚我想我的论文是很难顺利完成的，这里特别向龙湾边杨仕林管事一家深表谢意，

后 记

他们为我提供吃住,还对我的调查计划多方关心,亲自带我到安南村并介绍适合的报告者,在农忙之余时时关心我调查进展并补充一些重要的内容,这些都让我感动不已。对兰家村管事兰卫红一家在此也特别感谢,是他们对我的真诚相待才使我真正融入到村民之中。此外两村村民兰文亮、兰文选、杨云、杨凯、杨尚德、兰雪伟、杨红盛、杨仕诚、杨冬等人对我调查资料的补充和耐心的解答使此书内容更充实。

使我无法忘怀的,还应该将谢意赋予我最亲爱的人,谢谢我的父母和家人,是他们的谆谆教导让我懂得了如何尊重、关心和理解别人,还因为他们不辞艰辛继续让我深造学习,并对我的生活学习一直费尽心力,这是而立之年的我最难以释怀的。还有我的朋友们,求学工作在外漂泊多年的我深感朋友的重要,在最为孤助无援的时候他们总能够给予我鼓励和慰藉,至此我只能略表谢意。最后要向我的妻女深表谢意,她们的支持让我的生活充满了信心和阳光,让我在孤寂的学术之路不畏风雨,勇往直前。

对"藏回"的研究只是暂时告一段落,自己深知对其研究和认识是没有终止的,尤其是面对众多的学仁前辈和同行,自己的文章只是抛砖引玉。故此希望能得到观览诸君的不吝斧正和赐教。至此致谢。

李红春 谨识
2016 年 1 月 20 日于昆明瑾熙斋修定